Sirko Archut

Das qualifizierte Arbeitszeugnis

Zwischen Wohlwollen,
Beurteilungsspielraum und neuem
Bewertungsansatz

Archut, Sirko: Das qualifizierte Arbeitszeugnis: Zwischen Wohlwollen, Beurteilungsspielraum und neuem Bewertungsansatz, Hamburg, disserta Verlag, 2014

Buch-ISBN: 978-3-95425-306-7
PDF-eBook-ISBN: 978-3-95425-307-4
Druck/Herstellung: disserta Verlag, Hamburg, 2014
Covermotiv: © carlosgardel – Fotolia.com

Bibliografische Information der Deutschen Nationalbibliothek:
Die Deutsche Nationalbibliothek verzeichnet diese Publikation in der Deutschen
Nationalbibliografie; detaillierte bibliografische Daten sind im Internet über
http://dnb.d-nb.de abrufbar.

© disserta Verlag, Imprint der Diplomica Verlag GmbH
Hermannstal 119k, 22119 Hamburg
http://www.disserta-verlag.de, Hamburg 2014
Printed in Germany

Inhaltsverzeichnis

Abkürzungsverzeichnis

ArbG	Arbeitsgericht
ArbRAktuell	Arbeitsrecht Aktuell (Beck-Online)
ArbuR	Arbeit und Recht (juristische Zeitschrift)
AuA	Arbeit und Arbeitsrecht (juristische Zeitschrift)
AuR	Zeitschrift Arbeit und Recht
Az.	Aktenzeichen
BAG	Bundesarbeitsgericht
BB	Der Betriebsberater (juristische Zeitschrift)
BBG	Bundesbeamtengesetz
BBiG	Berufsbildungsgesetz
BeckRS	Rechtsprechung zum Zivilrecht (Beck-Online)
Beschl.	Beschluss
BGB	Bürgerliches Gesetzbuch
BGBI	Bundesgesetzblatt
BGH	Bundesgerichtshof
BPersVG	Bundespersonalvertretungsgesetz
BT-Drs.	Bundestagsdrucksache
BZRG	Bundeszentralregistergesetz
bzw.	beziehungsweise
DB	Der Betrieb (juristische Zeitschrift)
DStR	Deutsches Steuerrecht (juristische Zeitschrift)
FHArbSozR	Fundheft für Arbeits- und Sozialrecht
GewO	Gewerbeordnung
GG	Grundgesetz
ggf.	gegebenenfalls
HGB	Handelsgesetzbuch
i.E.	im Ergebnis
IHK	Industrie- und Handelskammer
i.V.m.	in Verbindung mit
KG	Kammergericht
LAG	Landesarbeitsgericht
LAGE	Entscheidungssammlung der Landesarbeitsgerichte

LSG	Landessozialgericht
lt.	laut
MDR	Monatsschrift für deutsches Recht
MÜKO	Münchener Kommentar
NJOZ	Neue Juristische Online Zeitschrift
NJW	Neue Juristische Wochenschrift
Nr.	Nummer
NZA	Neue Zeitschrift für Arbeitsrecht
NZA-RR	Neue Zeitschrift für Arbeitsrecht Rechtsprechungsreport
OLG	Oberlandesgericht
RDG	Rechtsdienstleistungsgesetz
Rn.	Randnummer
S.	Seite
SAE	Sammlung Arbeitsrechtlicher Entscheidungen
SigG	Signaturgesetz
SMAusbV	Schiffsmechaniker-Ausbildungsverordnung
TVG	Tarifvertragsgesetz
u.a.	unter anderem / und andere
v.	vom
VersR	Versicherungsrecht (juristische Zeitschrift)
vgl.	vergleiche
ZAP	Zeitschrift für die Anwaltspraxis
z.B.	zum Beispiel
ZFA	Zeitschrift für Arbeitsrecht
ZInsO	Zeitschrift für das gesamte Insolvenzrecht
ZPO	Zivilprozessordnung

Literaturverzeichnis

Adam, Roman F.
(2005)

Praxisprobleme des Zeugnisrechts, in
Monatsschrift für Deutsches Recht – Zeitschrift zitiert:
Adam in MDR

Anscheid, Reiner/
Preis, Ulrich/

Kündigungsrecht, Großkommentar zum
gesamten Recht der Beendigung von Arbeitsverhältnissen,

Archut, Sirko
(2010)

Das Swiftabkommen, Ursachen und
Hintergründe für die Ablehnung durch das Europäische
Parlament,Grin-Verlag
zitiert: *Archut*

Becker
Schaffner, Reinhard
(1989)

Die Rechtsprechung im Zeugnisrecht, in
Zeitschrift Der Betriebsberater, gebundene
Ausgabe zitiert: *Becker-Schaffner* (1989) in BB

Becker
Schaffner
(2004)

Rechtsfragen zum Arbeitszeugnis, in
Zeitschrift für die Anwaltspraxis
zitiert: *Becker-Schaffner* (2004) in ZAP

Boemke, Burkhard
(2003)

Gewerbeordnung, Kommentar, zu §§ 105 – 110
Arbeitsvertragsgestaltung, Direktionsrecht, Entgelt, Arbeitszeugnis, Wettbewerbsverbot, Verlag Recht und Wirtschaft
zitiert: *Boemke /Müller*

Brill, Werner
(1981)

Angabe der Betriebsratstätigkeit im Zeugnis?,
in Zeitschrift der Betriebsberater, gebundene Ausgabe
zitiert: *Brill* (1981) in BB

Burkhard-Pötter, Julia
(2013)

Das Arbeitszeugnis, in Neue Juristische
Wochenschrift
zitiert: *Burkhard-Pötter* in NJW

Conze, Peter/
Karb, Svenja
(2012)

Personalbuch Arbeits- und Tarifrecht
öffentlicher Dienst TVöD, TV-L, TV-Ärzte
mit Lohnsteuerrecht, Sozialversicherungsrecht und
Exkursen zum Beamtenrecht, 3. Auflage
zitiert: *Conze/Karb*

Düwell, Franz Josef/
Dahl, Holger
(2011)

Die Leistungs- und Verhaltensbeurteilung im
Arbeitszeugnis, in Neue Zeitschrift zum
Arbeitsrecht
zitiert: *Düwell/Dahl* in NZA

Eckert, Michael
(2001)

Neue Gesetze, wichtige Urteile und aktuelle
Tendenzen im Arbeitsrecht, in Deutsches Steuerrecht
zitiert: *Eckert* in DStR

Erman
(2011)

Kommentar BGB, 13. neubearbeitete Auflage,
Verlag Dr.Otto Schmidt
zitiert: *Erman/Belling*

Göldner, Sabine
(1989)

Grundlagen des Zeugnisrechts, Unter besonderer
Berücksichtigung des Wahrheitsgebotes, der Leistungsbeurteilung und der prozessualen Durchsetzung, Verlag-
Mainz
zitiert: *Göldner* (1989)

Göldner, Sabine
(1991)

Die Problematik der Zeugniserteilung im
Arbeitsrecht, in Zeitschrift für Arbeitsrecht
zitiert: *Göldner* (1991) in ZfA

Gotthard, Michael/
Beck, Carsten
(2002)

Elektronische Form und Textform im
Arbeitsrecht: Wege durch den Irrgarten
zitiert: *Gotthardt/Beck* in

Hesse, Jürgen/
Schrader, Hans C.
(2006)

Das perfekte Arbeitszeugnis, Richtig formulieren
formulieren, verstehen, verhandeln, Eichhorn-Verlag
zitiert: *Hesse/Schrader* in

Hoffmann- Becking,
Michael/Rawert, Peter
(2013)

Beck`sches Formularbuch, Bürgerliches,
Handels- und Wirtschaftsrechts, 11.,
neubearbeitete und ergänzte Auflage
zitiert: *Bearbeiter* in Hoffmann-Becking/Rawert

Höser, Jürgen
(2012)

Rechtsprechungsübersicht zu Arbeitszeugnissen,
NZA-RR
zitiert: *Höser* in

Huesmann, Monika
(2008)

Arbeitszeugnisse aus personalpolitischer
Perspektive, Gestaltung, Einsatz und Wahrnehmungen, 1.
Auflage
zitiert: *Huesmann*

Hümmerich, Klaus
(2008)

Anwaltskommentar Arbeitsrecht, Band 2, 2.
Auflage
zitiert: *Hümmerich* (2008) in Kommentar

Hümmerich, Klaus
(2010)

Anwaltskommentar, Arbeitsrecht, 2. Auflage
Nomos-Verlag
zitiert: *Hümmerich* in (2010) in Kommentar

Hunold, Wolf (2001)	Die Rechtsprechung zum Zeugnisrecht, in Neue Zeitschrift für Arbeitsrecht – Rechtsprechungsreport, NZA-RR zitiert: *Hunold* in
Jauernig, Othmar (2011)	Kommentar Bürgerliches Gesetzbuch mit Allgemeinem Gleichbehandlungsgesetz (Auszug), 14. Auflage zitiert: *Bearbeiter* in Jauernig
Jüchser, Alexander (2012)	Auswirkungen des Betriebsübergangs auf den Zeugnisanspruch des Arbeitnehmers nach § 109 GewO zitiert: *Jüchser*
Knobbe, Thorsten (2010)	Topberater zeigen den Weg zum beruflichen Erfolg, Kindle Edition, Verlag Haufe-Lexware, 1. Auflage zitiert. *Knobbe* in Topberater
Knobbe, Thorsten/ Leis, Mario/ Umnuß, Karsten (2006)	Arbeitszeugnisse für Führungskräfte, 3. Auflage Auflage, Rudolf Haufe Verlag, Planegg München zitiert: *Knobbe/Leis/Umnuß* (2006)
Knobbe, Thorsten/ Leis, Mario/ Umnuß, Karsten (2011)	Arbeitszeugnisse, Textbausteine und Tätigkeitsbeschreibungen, 6. Auflage, Verlag Haufe-Lexware zitiert: *Knobbe/Leis/Umnuß* (2011)
Könnecke, Otto (1912)	Rechtsgeschichte des Gesindes in West- und Süddeutschland, Elwertsche Verlagsbuchhandlung zitiert: *Könnecke*
Kortstock, Ulf (2011)	Nipperdey Lexikon Arbeitsrecht, Beck-Verlag, 16. Edition zitiert: *Bearbeiter* in Nipperdey
Kursawe, Stefan (2010	Der Anspruch auf ein englischsprachiges Arbeitszeugnis, Kessler-Druck Bobingen, Ausgabe 26 zitiert: *Kursawe* in ArbRAktuell
Küttner, Wolfdieter (2012)	Küttner-Personalbuch, 19. Auflage, Beck-Verlag zitiert: *Bearbeiter* in Küttner
Landmann/Rohmer (2012)	Gewerbeordnung und Ergänzende Vorschriften, Band 1, Kommentar, Beck-Verlag zitiert: *Bearbeiter* in Landmann/Rohmer

Liedtke, Werner (1988)	Der Anspruch auf ein qualifiziertes Zeugnis, in Neue Zeitschrift für Arbeitsrecht zitiert: *Liedtke* in NZA
Loewenheim, Ulrich (2010)	Handbuch des Urheberrechts, 2. Auflage, Frankfurt am Main, Beck-Verlag zitiert: *Bearbeiter* in Loewenheim
Löw, Stefan (2005)	Aktuelle Rechtsfragen zum Arbeitszeugnis, in NJW - Neue Juristische Wochenschrift zitiert: *Löw* in NJW
Löw, Stefan (2008)	Neues vom Arbeitszeugnis, in Neue Zeitschrift für Arbeitsrecht – Rechtsprechungsreport zitiert: *Löw* in NZA-RR
Moll, Wilhelm (2012)	Münchener Anwalts Handbuch, Arbeitsrecht, 3., überarbeitete und erweiterte Auflage, Beck-Verlag zitiert: *Bearbeiter* im Moll
Monjau, Herbert (1969)	Das Zeugnis im Arbeitsrecht, Schriftenreihe der Betrieb, 2. überarbeitete und ergänzte Auflage, Verlag-Handelsblatt zitiert: *Monjau*
Mühlhausen, Peter (2006)	Die Erwähnung von Ausfallzeiten im Arbeitszeugnis, in Neue Zeitschrift für Arbeitsrecht, Rechtssprechungsreport zitiert: *Mühlhausen* in NZA-RR
(MÜKO) Richardi, Reinhard/ Wissmann, Hellmut/ Wlotzke, Otfried/ Oetker, Hartmut (2009)	Münchener Handbuch zum Arbeitsrecht, Band 1, 3. Auflage Individualarbeitsrecht, Beck-Verlag zitiert: *Bearbeiter* in MÜKO zum Arbeitsrecht
Müller-Glöge, Rudi/ Preis, Ulrich (2013)	Erfurter Kommentar zum Arbeitsrecht, Band 51, 13. neu bearbeitete Auflage, Beck-Verlag zitiert: *Müller-Glöge*
Säcker, Franz J./ Rixecker, Roland (2012)	Münchener Kommentar zum Bürgerlichen Gesetzbuch, Verlag Beck-München zitiert: *Bearbeiter* in MÜKO

Schaub, Günter (2008)	Arbeitsrechtshandbuch, Systematische Darstellung und Nachschlagewerk für die Praxis, 14. Auflage, Beck-Verlag zitiert: *Bearbeiter* in Schaub
Schleßmann, Hein (1998)	Das Arbeitszeugnis, in Zeitschrift Der Betriebsberater, gebundene Ausgabe zitiert: *Schleßmann* (1998) in BB
Schleßmann, Hein (2006)	Historisches zum Arbeitszeugnis, in Neue Zeitschrift zum Arbeitsrecht zitiert: *Schleßmann* (2006) in NZA
Schleßmann, Hein (2010)	Das Arbeitszeugnis, Zeugnisrecht, Zeugnissprache, Bausteine, 19. Auflage, Verlag Recht und Wirtschaft - Frankfurt am Main zitiert: *Schleßmann* (2010)
Schliemann, Harald (2002)	Das Arbeitsrecht im BGB, Gebundene Ausgabe, 2. Auflage Verlag- de Gruyter, Kommentar zitiert: *Schliemann*
Schmidt, Georg (1991)	Zum Zeugnisanspruch des Arbeitnehmers im Konkurs einer Handelsgesellschaft, in Der Betrieb - Zeitschrift zitiert: *Schmidt* in DB
Schmidt, Ingrid (2012)	4. Neu bearbeitete Auflage, Beck-Verlag zitiert: *Bearbeiter* in Anscheid/Preis/Schmidt
Schulze, Reiner (2012)	Bürgerliches Gesetzbuch, Handkommentar, 7. Auflage, Nomos-Verlag zitiert: *Bearbeiter* in Schulze
Schüren, Peter (2010)	Arbeitnehmerüberlassungsgesetz, Kommentar, 4. Auflage zitiert: *Schüren*
v. Staudingers, Julius (2009)	Staudinger, Kommentar zum Bürgerlichen Gesetzbuch mit Einführungsgesetz und Nebengesetzen, de Gruyter zitiert: *Staudinger/Bearbeiter*
Stiller, Jörn U. (2005)	Der Zeugnisanspruch in der Insolvenz des Arbeitgebers, in Neue für Zeitschrift zitiert: *Stiller* in NZA

Straub, Dieter
(2006)

Arbeitshandbuch-Personal, Recht und Praxis
für den Personalprofi, 5. Auflage, Verlag Wirtschaft
Berlin
zitiert: *Bearbeiter* in Straub

Stück, Volker
(2006)

Das Arbeitszeugnis, in Zeitschrift
Monatsschrift für deutsches Recht, gebundene Ausgabe
zitiert: *Stück* (2006) in MDR

Tettinger, Peter J./
Wank, Rolf/
Ennuschat, Jörg
(2011)

Gewerbeordnung, 8. Auflage, Beck-Verlag
Kommentar
zitiert: *Bearbeiter* in Tettinger/Wank/Ennuschat
oder zitiert: *Bearbeiter* in GewO

Walz, Robert
(2010)

Beck'sches Formularbuch, Zivil-, Wirtschafts-
und Unternehmensrecht, Deutsch-Englisch, 2. überarbeitete
und erweiterte Auflage, Verlag Beck
zitiert: *Bearbeiter* in Walz

Weuster, Arnulf
(1992)

Zeugnisgestaltung und Zeugnissprache
zwischen Informationsfunktion und Werbefunktion, in
Zeitschrift Der Betriebsberater, gebundene Ausgabe
zitiert: *Weuster* (1992) in BB

Weuster, Arnulf
(1994)

Personalauswahl und Personalbeurteilung mit
Arbeitszeugnissen, Verlag für angewandte Psychologie,
Göttingen
zitiert: *Weuster* (1994) in

Witt, Carsten
(1996)

Dr. Carsten Witt: Die Erwähnung des
Betriebsratsamts und der Freistellung im Arbeitszeugnis, in
Zeitschrift der Betriebsberater
zitiert: *Witt*

A. Einleitung[1]

Die Geschichte des qualifizierten Zeugnisses ist die Geschichte eines Schriftstücks, welches in den ursprünglichen Anfängen seines Aufkommens schon vor Hunderten von Jahren zunächst Auskunft über die Lauterkeit[2] und geleistete Arbeit eines für eine bestimmte Zeit für einen anderen zur Arbeit Verpflichteten gab beziehungsweise geben sollte. Es kann daher aus heutiger Sicht hinsichtlich seines Ursprungs schon auf eine lang andauernde Tradition verweisen. So gab es nachweislich die ersten Zeugnisse bereits in der frühen Neuzeit[3], welche ihrerseits vornehmlich im Handwerk und im Gesindewesen[4] ausgestellt wurden. Hintergrund dafür war, dass erstmals so genannte Gesindezeugnisse mit der Gesindeordnung von Hildesheim verlangt[5] und sodann im Jahre 1530 mit der Reichspolizeiordnung[6] sogenannte Atteste für ein ordnungsgerechtes Ausscheiden des Gesindes eingeführt wurden, wobei es den Dienstherren bei Geldstrafe verboten war, Knechte ohne entsprechendes Zeugnis zu beschäftigen. Das sogenannte Gesindedienstbuch, in dem sodann nach Beendigung eines Beschäftigungsverhältnisses von Seiten des Dienstherrn schon vollständig in qualifizierter Weise Zeugnis über die Führung und das Benehmen des Beschäftigten einzutragen war, wurde im Jahre 1846 in Preußen[7] eingeführt. Im Jahre 1869 wurde mit der Gewerbeordnung der Zeugniszwang abgeschafft. Im Gegenzug erhielten die Arbeiter nun erstmals einen Anspruch dahin gehend, ein sogenanntes qualifiziertes Zeugnis verlangen zu können, welches sich auf die Führung und spätestens seit 1891 auf die Leistung erstrecken konnte[8]. Mit dem Inkrafttreten des Bürgerlichen Gesetzbuches am 01.01.1900 im damaligen Deutschen Kaiserreich, welches neben vielen Regelungen des Privatrechts auch Normen mit arbeitsrechtlichem Hintergrund wie Kündigungsfristen oder aber Formvorschriften für arbeitsrechtliche Kündigungen beinhaltete, wurde auch ein Anspruch auf Erstellung eines Zeugnisses gesetzlich geregelt, welcher seinem Sinn und Zweck nach auch

---

[1] Normen in Fußnoten ohne Gesetzeszuweisung sind solche des BGB
[2] Lauterkeit=umfasste als Tugenden den Fleiß, den Gehorsam, die Treue, Ehrlichkeit und sittliches Betragen,
[3] Die Zeit zwischen Mitte 13. und Ende 15. Jahrhundert.
[4] Gesindewesen=bezeichnet die Gesamtheit der zur häuslichen Arbeitsleistung verpflichteten wie Dienstboten, Mägde und die Dienerschaft als solches
[5] vgl. *Könnecke* (1912) Rechtsgeschichte, S. 860
[6] Siehe hierzu im Anhang S. 97, 98 dort Nr. (5); *Schleßmann* (2006) in NZA 2006, S.1392
[7] damaliges Land bis 1918 (1932) zwischen Ostsee. Pommern, Polen. Litauen
[8] *Schleßmann* (2006) NZA 2006, S.1392 (1393)

Arbeitszeugnisse mit einschließt[9]. Allerdings gilt es zu beachten, dass es den Begriff Arbeitszeugnis gesetzlich nicht gab und gibt. Die Konkretisierung im wörtlichen Sinne dient letztlich nur der Unterscheidung zu Schul- und Prüfungszeugnissen aller Art[10]. Aber auch außerhalb des Bürgerlichen Gesetzbuchs, dessen Anspruch auf Erteilung eines Arbeitszeugnisses bis in die heutige Zeit mehr oder minder seine Wirkung entfaltet, lässt sich, wie erwähnt, neben dem BBiG, BBG, dem TVöD und SeemannsG auch in der Gewerbeordnung (GewO) eine entsprechende Norm finden, welche für nunmehr alle Arbeitnehmer gilt[11]. Daraus folgt, dass nach wie vor für sämtliche Beschäftigte ein Zeugnis in Gestalt eines Arbeitszeugnisses mitunter für Dritte Informationen über die jeweilige Qualifikation und weiter etwaige erbrachte Leistungen sowie das Verhalten eines potentiellen Bewerbers auf eine neue Arbeitsstelle liefern soll, da dieses im Bezug auf eine vorhergehende Anstellung über die jeweiligen Gegebenheiten wertvolle Auskunft gibt. Mithin kann das Arbeitszeugnis einen wichtigen Aspekt dahingehend erfüllen, dass es bestenfalls eine gewichtige Hilfe bei der Bewerbung um eine andere bzw. neue freie Stelle am Arbeitsmarkt darstellt. Dies ist so zu verstehen, dass das Arbeitszeugnis zwar eine Empfehlung sein kann, jedoch nicht als persönlich gehaltenes Empfehlungsschreiben zu verstehen ist. Nicht selten jedoch wird das Arbeitszeugnis, und dabei hier vornehmlich das in der heutigen Zeit in der Praxis sogenannte qualifizierte Arbeitszeugnis, da es auch einen bewertenden Charakter hinsichtlich Beurteilung der Leistung und des Verhaltens hat, zum Zankapfel zwischen Beschäftigten und Arbeitgebern[12]. Unterliegt es zwar dem Grundsatz der Wahrheitspflicht bezüglich seines Inhalts, so soll in deren Grenzen dennoch vornehmlich der Grundsatz des Wohlwollens des Ausstellenden bei seiner Bewertung Anwendung finden um das weitere Fortkommen des zu Bewertenden nicht unnötig zu erschweren[13]. Dass sich dies jedoch als ziemlich schwierig erweisen kann, folgt schon daraus, dass die Wahrheitspflicht damit letztlich vom Wohlwollens-Grundsatz tangiert wird, obgleich das Wohlwollen im Eigentlichen von der Wahrheitspflicht begrenzt werden soll.

---

[9] Gesetzlicher Anspruch auf Arbeitszeugnis nur in Schweiz und Deutschland

[10] - so *Schleßmann* (2006) in NZA 2006, S. 1394, im 1. Absatz der Fußnoten

[11] § 109 GewO

[12] Zur Wahrheitspflicht siehe im Urteil des LAG Köln: Urteil vom 29.11.1990 - 10 Sa 801/90; *Linck* (2011) in Schaub, Arbeitsrechts-Handbuch, Rn.28

[13] BAG 3. 3. 1993 AP Nr. 20 zu § 630 BGB = NZA 93, 219; BAG 10. 5. 2005 AP Nr. 30 zu § 630 BGB = NZA 2005, 1237; - zu § 109 GewO siehe in NZA 2012, S. 1244 hinsichtlich des Beschlusses des BAG, Beschl. v. 9. 9. 2011 – 3 AZB 35/11; Vgl. hierzu auch den Bericht in der ZEIT ONLINE v. 25.01.2011 im Anhang S. 99

Zumeist jedoch entsprechen die im Arbeitszeugnis verwendeten wohlwollenden Formulierungen bei der Beurteilung oder ggf. die damit verstandenen oder vermittelnden Aussagen nicht den Vorstellungen des Anspruchstellers eines Arbeitszeugnisses - was wiederum Folge der unterschiedlichen Sichtweisen von Beschäftigten und Arbeitgebern auf das Geleistete des Beschäftigten und sein Wirken in der Zeit des gesamten Arbeitsverhältnisses als Ganzes sein kann. Zum anderen wird mit Sicherheit auch nicht ausgeschlossen werden können, dass oftmals Zeugnisse ausgestellt werden, welche tatsächlich nicht der Wirklichkeit entsprechen, gleich ob zum Vor- oder Nachteil des Anspruchsberechtigten, da letztlich keine Maschinen den Anspruchsberechtigten gemeinhin bewerten sondern Menschen[14]. Weil aber letztlich die jeweilige Motivation des Erstellers eines Arbeitszeugnisses hinsichtlich dessen Formulierungen nur schwerlich ergründbar wäre, sei es, dass jene Zeugnisausstellung inhaltlich wahr, nicht richtig dargestellt, verfälscht oder aber gar überhaupt der Unwahrheit entspricht, so stünde es dem Beurteilten andererseits aber gegebenenfalls frei, auch rechtliche Mittel, unter anderem für eine mögliche Korrektur inhaltlicher Formulierungen des Arbeitszeugnisses, in Anspruch zu nehmen. Allerdings kann wohl davon ausgegangen werden, dass dieses Vorgehen sich regelmäßig nur auf die Fälle beschränkt, bei welchen sich der bewertende Teil in einem etwaigen Arbeitszeugnis für den jeweiligen Beurteilten nachteilig auswirkte. Dabei wird schon hieran deutlich, dass die Glaubwürdigkeit eines qualifizierten Zeugnisses mitunter mehr verspricht, als sie halten kann, insbesondere, weil zahlreiche Einschränkungen und Verbote für das Abfassen eines qualifizierten Zeugnisses zum Vorteil des Arbeitnehmers zu beachten sind und ferner etwaige Verfahren vor Gericht hinsichtlich etwaiger Zeugnisse, welche nicht dem vorgenannten Wohlwollens-Grundsatz entsprechen, letztlich immer wohlwollend entschieden werden. Und da es im Ergebnis im Bundesdurchschnitt nicht selten zu Zeugnisstreitigkeiten kommt[15], scheint nach diesbezüglich durchgeführten Berichtigungen, die in der Regel immer zu Gunsten des Arbeitnehmers vorgenommen werden, die Aussagekraft qualifizierter Arbeitszeugnisse erheblich reduziert.

---

[14] - siehe hierzu im Anhang den SPIEGEL-Bericht S. 112
[15] - so wurden nach *Löw* (2008) in NZA-RR 2008, 561

B. Fortgang der Arbeit

Hinsichtlich des aufgezeigten Spannungsfeldes zwischen der vorausgesetzten Authentizität von Arbeitszeugnissen aufgrund der Wahrheitspflicht und andererseits des in der Praxis von der Rechtsprechung vorgegebenen „Wohlwollensgrundsatzes"[16], um das Fortkommen des jeweiligen in einem Zeugnis Beurteilten durch Formulierungen in sogenannten qualifizierten Arbeitszeugnissen nicht zu behindern, wird in dieser Arbeit zunächst das Arbeitszeugnis als solches mit all seinen Ausformungen beleuchtet, um sodann aus seinem Sinn und Zweck heraus zu ermitteln, ob die bestehenden Regelungen zum einen und die Vorgehensweisen in der Praxis zum anderen, insbesondere bei den Zeugnissen, die bewertenden Charakter haben, also den qualifizierten Zeugnissen, gegebenenfalls konträr laufen. Darüber hinaus soll hier untersucht werden, ob die entsprechenden Regelungen noch zeitgemäß sind und ob die anhaltende Praxis im Ergebnis noch der gesetzgeberischen Intention eines Zeugnisses entspricht. Weiterhin soll hier, sofern es sich letztlich als notwendig erweist, versucht werden, ggf. neue Bewertungsansätze für das qualifizierte Arbeitszeugnis dahingehend

zu erarbeiten, dass dieses zumindest hinsichtlich seines Sinn und Zwecks, glaubwürdige Informationen zu liefern, gegebenenfalls wieder an empirischer Zuverlässigkeit gewinnt.

---

[16] *Müller-Glöge* (2013) in Erfurter Kommentar zu § 109 GewO, Rn.27; LAG Düsseldorf, Urteil vom 03.11.2010 – 12 Sa 974/10 zu § 109 GewO; *Henssler* (2012) in Säcker § 630, Rn.41; LAG Köln: Urteil vom 29.11.1990 - 10 Sa 801/90 zu § 630 BGB

C. Hypothese

Da im Spannungsfeld zwischen Wohlwollens-Grundsatz und Wahrheitspflicht erkennbar wurde, dass das Arbeitszeugnis hinsichtlich eines Beschäftigtenverhältnisses, sei es beispielsweise für einen Dienstvertrag oder dessen Unterfall als Arbeitsvertrag[17], mitunter zwei gegenläufigen Interessen dient, weil sich zum einen mittels diesem die etwaige zukünftige Personalbeschaffung eines Unternehmens ein möglichst wahrheitsgetreues Bild vom beruflichen Werdegang des potentiellen Bewerbers machen möchte und zum anderen, dass das etwaige Zeugnis die Funktion hat, dem jeweiligen Zeugnisinhaber das berufliche Weiterkommen mit Hinblick auf den anzuwendenden wohlwollenden Maßstab bei der Abfassung dessen zu erleichtern, indem zum Beispiel auch Vorfälle wie einmalige Verfehlungen gegebenenfalls nicht angeführt zu werden brauchen, kann hierdurch das authentische Bild, welches vermittelt werden soll, verfälscht werden. Daher befindet sich an dieser Schnittstelle ein hohes Konfliktpotential, welches mittels dieser Arbeit, soweit möglich, zu entschärfen versucht wird. Dazu bedarf es jedoch neben der Klärung, inwieweit eine Zeugniserteilung in Form der Erteilung eines qualifizierten Zeugnisses noch zeitgemäß wie sinnvoll wäre, der Feststellung, ob es in der Konsequenz bezüglich seines Sinn und Zwecks einerseits und den gesetzgeberischen wie rechtsprechenden Vorgaben andererseits im Ergebnis gegebenenfalls sogar obsolet erschiene. Sofern es zu Letzterem jedoch im Ausklang nicht kommt, könnte ein Korrekturvorschlag das Konfliktpotential ggf. insoweit entschärfen, als das Abfassen von bewertenden Phrasen in Frage gestellt wird und weiterfort mit gegebenenfalls anderen Instrumenten gearbeitet werden sollte. Um dabei mehr Authentizität für den Zeugnisinhalt zu erreichen, könnte dies geschehen, indem eine etwaige Notenvergabe für Leistungen, Verhalten und ggf. andere Bereiche am Arbeitsplatz in kurzfristigen Abständen vorgenommen würde[18]. Mögliche Rückschlüsse, ob beispielsweise die Leistung eines Beschäftigten sodann über einen Zeitraum tatsächlich gut oder sehr gut oder aber nur, wie von der Rechtsprechung als ausreichend angesehen[19] bzw. in Anlehnung an § 243 BGB eine Leistung von mittlerer Art und Güte war[20], könnten sich wohl demnach so nachvollziehbarer auch über lange Zeiträume der Wirklichkeit entspre-

---

[17] *Vogelsang* (2011) in Schaub § 9, Rn.1; *Röller* (2012) in Küttner, zu Punkt I. Rn.1
[18] Kurzfristig meint hier Zeitabstände von höchstens alle 1-2 Monate
[19] BAG, Urteil vom 17. 1. 2008 - 2 AZR 536/06 in NZA 2008, S. 693
[20] *Berkowsky* (2009) im MÜKO zum Arbeitsrecht § 114 Rn. 21-22

chend ziehen lassen. Im Ergebnis soll dabei zwar auch der Grundsatz des Wohlwollens beibehalten werden. Allerdings wird dieser in angemessener Weise zurechtgerückt.

D. Das Zeugnis in Ausgestaltung als Arbeitszeugnis

Das Zeugnis ist seiner Rechtsnatur nach in Ausgestaltung eines Arbeitszeugnisses eine Urkunde über ein Dienstverhältnis[21]. Es ist im Rechtsverkehr dazu bestimmt, hinsichtlich der rechtsgeschäftlichen Komponente seines Inhalts gegenüber demjenigen, dem es (bestimmungsgemäß) von Seiten des Ausstellers zugeht, eine Mindestgewähr für die Richtigkeit nach Treu und Glauben zu übernehmen[22]. Dies erscheint vor dem Hintergrund, dass bestimmte Arbeitszeugnisse wie qualifizierte Arbeitszeugnisse, die vornehmlich den beruflichen Werdegang eines jeweiligen Arbeitnehmers sowie gegebenenfalls seine berufliche Qualifikation, Leistung und Verhalten dokumentieren, im Gegensatz zu einfachen Zeugnissen, die lediglich die Art und Dauer der Beschäftigung festhalten, auch von erheblicher Bedeutung, da mit dem Zeugnis im besten Fall der potentielle Bewerber bessere Chancen hat, sich diesbezüglich erfolgreich von anderen abzuheben. Demnach kommt dem Zeugnis als Arbeitszeugnis auch eine Informations- und Werbefunktion zu.

---

[21] Zeugnis=Urkunde u.a. Schulzeugnis, Reifezeugnis
[22] *Henssler* (2012) in Säcker § 630, Rn. 6; Vgl. auch *Hunold* (2001) in NZA-RR 2001, S. 113

I. Anspruchsvoraussetzungen

1. Anwendungsbereiche von BGB, GewO, BBiG, BBG u.a.

Wie schon erörtert, finden sich hinsichtlich des Anspruchs auf Erteilung eines Zeugnisses zahlreiche Regelungen beispielsweise im BBiG, im SeemannsG oder auch im BBG sowie in tarifrechtlichen Normen. Da aber die Regelungen des Bürgerlichen Gesetzbuchs wie die der Gewerbeordnung in Deutschland für den überwiegenden Teil der Beschäftigten Anwendung finden, orientiert sich die Arbeit im Fortgang zur Verdeutlichung und aus Praktikabilitätsgründen vornehmlich an § 109 GewO und § 630 BGB:

a) Anwendungsbereich des § 630 BGB

Der Anwendungsbereich des § 630 BGB ist seit der Neuregelung des Zeugnisrechts im Jahr 2003 eingeschränkt worden. Der § 630 BGB findet insoweit nur noch auf dauernde Dienstverhältnisse Anwendung welche keine Arbeitsverhältnisse sind[23]. Es werden vom persönlichen Anwendungsbereich dieser Norm nur noch arbeitnehmerähnliche Personen im Sinne des § 5 I S. 2 ArbGG[24], „kleine" Handelsvertreter[25] gemäß § 84 II HGB, Einfirmenhandelsvertreter im Sinne des § 92a HGB als auch freie Mitarbeiter erfasst, soweit deren Vertragsverhältnisse durch Charakteristika der Abhängigkeit gekennzeichnet sind[26]. Das bedeutet, dass bei diesen Personen im Gegensatz zum Arbeitnehmer wegen der fehlenden Eingliederung in die betriebliche Organisation und im Wesentlichen aufgrund freier Zeitbestimmung keine persönliche, sondern vielmehr eine wirtschaftliche Abhängigkeit vorliegt[27]. Überdies gilt Vorgenanntes auch für Geschäftsführer einer GmbH, sofern sie nicht Gesellschafter und nicht ohnehin Arbeitnehmer der jeweiligen in Betracht kommenden GmbH sind[28]. Weiterhin haben Dienstverpflichtete

---

[23] *Müller/Glöge* (2013) in Erfurter Kommentar zu § 630, Rn. 2; *Schreiber* (2012) in Schulze § 630, Rn. 3; Beispiele lt. *Nordemann* (2010) in Loewenheim sind unter anderen: - arbeitnehmerähnliche freie Mitarbeiter von Rundfunkanstalten, Verlagen

[24] Siehe auch die Legaldefinition im § 12a I TVG; BAG 15. 4. 1993 NZA 1993, 789

[25] Hierzu *Erman/Bellin* § 630 Rn. 3; Vgl. ArbG Lübeck BB 1996, 177

[26] *Henssler* (2012) in Säcker § 630, Rn. 8-9; vgl. ferner BAG, Urteil vom 9. 7. 2003 - 5 AZR 595/02 S. 10 zu Punkt II. 1.; BAG, Beschluß vom 26. 9. 2002 - 5 AZB 19/01 in NZA 2002, 1412; Vgl zur Abgrenzung weiter die Regelung des § 84 I S.2 HGB

[27] BAG, Beschluss vom 21. 2. 2007 - 5 AZB 52/06 in NZA 2007, S. 699; Hierzu ebenfalls im Urteil des BAG 15. 11. 2005 NZA 2007, 1320

[28] BGH 9. 11. 1967 in NJW 1968, S. 396; BGH 23. 1. 2003 in NZA 2003, S. 439; KG Berlin, Urteil vom 6. November 1978, Az: 2 U 2290/78

in freien Berufen[29] keinen Zeugnisanspruch nach § 630 BGB, da diejenigen, welche in der Regel weisungsfreie Leistungen erbringen, mit dem Ergebnis ihrer Tätigkeit werben[30].

b) Anwendungsbereich des § 109 GewO

Seit nunmehr 01. Januar 2003 gilt für sämtliche Arbeitnehmer im Sinne des § 611 BGB, unabhängig davon, ob es sich im Einzelnen um eine haupt- oder nebenberufliche Beschäftigung handelt, Voll- oder Teilzeitarbeit gegeben ist, noch ob es sich ggf. um eine Anstellung in der Probezeit handelt oder diese gar befristet sei[31], für die Ausstellung von Arbeitszeugnissen die Norm § 109 GewO. Eine entsprechend klarstellende Regelung hierzu findet sich im § 630 S. 4 BGB. Dabei ist ein Arbeitnehmer im Sinne des § 611 BGB derjenige, der aufgrund eines privatrechtlichen Vertrages bei fremdbestimmter Arbeit, weisungsgebunden, in persönlicher Abhängigkeit, für einen anderen Leistungen erbringt.[32] Mithin gilt das Zeugnisrecht nach § 109 GewO für jedwede Arbeitnehmer nach § 6 II GewO[33], sodass der persönliche Anwendungsbereich des § 109 GewO demnach auch leitende Angestellte erfasst[34].

c) § 16 I BBiG und § 19 SeemannsG

Der Vollständigkeit halber sei hier angeführt, dass für Auszubildende ein eigener Zeugnisanspruch gemäß § 16 I BBiG gegeben ist. Weiterhin findet diese Norm in Verbindung mit § 26 BBiG auch Anwendung auf jene Rechtsverhältnisse von Personen, die eingestellt werden, um berufliche Kenntnisse, Fähigkeiten, Erfahrungen oder Fertigkeiten zu erwerben, soweit es sich dabei nicht um ein Berufsausbildungsverhältnis oder ein Arbeitsverhältnis im Sinne des BBiG handelt. Personen in diesem Sinne wären beispielsweise Volontäre, Anlernlinge und Praktikanten[35]. Bezüglich der Schifffahrt wäre darüber hinaus die Regelung des § 19 SeemannsG zu beachten.

---

[29] Freie Berufe sind: Rechtsanwälte, Ärzte siehe auch im Anhang S. 100,101
[30] *Müller/Glöge* (2012) in Erfurter Kommentar zu § 630, Rn.2
[31] *Mansel* (2011) in Jauernig § 630, Rn. 1; *Henssler* (2012) in Säcker § 630, Rn.7
[32] BAG, Urteil vom 9. 7. 2003 - 5 AZR 595/02 in NZA-RR 2004, 10 zu Punkt II.1.
[33] *Neumann* (2012) in Landmann/Rohmer, Gewerbeordnung, § 109 GewO, Rn.7
[34] LAG Hamm 12. 7. 1994 LAGE BGB § 630 Nr. 27
[35] *Müller/Glöge* (2013) Erfurter Kommentar § 109, Rn.2

d) Tarifvertragliche Regelung/Öffentlicher Dienst

Beschäftigte des öffentlichen Dienstes, zu dessen Tätigkeitsfeld Beamte, Richter, Rechtsreferendare sowie Tarifbeschäftigte wie Arbeiter und Angestellte öffentlich-rechtlicher Körperschaften zu zählen sind[36], steht ebenfalls ein Anspruch auf Erteilung eines Zeugnisses gemäß § 35 I TVöD/TV-L zu[37]. Das Gleiche gilt für Beamte gemäß § 85 BBG.

Zwischenfazit: Neben § 630 BGB für den Dienstverpflichteten als auch nach § 109 GewO für den Arbeitnehmer als den für den größten Teil der Beschäftigten in Deutschland zuständigen Normen gibt es noch zahlreiche weitere Gesetze[38] wie beispielsweise § 35 TVöD/ TV-L, § 85 BBG, § 16 BBiG oder § 19 SeemannsG, die grundsätzlich einen Anspruch auf Zeugniserteilung gewähren.

Dabei besteht jedoch seitens des § 35 I TVöD/TV-L vornehmlich ein Anspruch auf ein qualifiziertes Arbeitszeugnis als Endzeugnis, also ein sich auch auf das Verhalten und die Leistung des jeweiligen Berechtigten erstreckendes Zeugnis, während sich § 19 S. 1 SeemannsG dem Wortlaut nach nur auf die Erteilung eines nicht qualifizierten Zeugnisses beschränkt[39]. Demgegenüber erlauben die gesetzlichen Ansprüche auf Zeugniserteilung gemäß § 16 II S. 2 BBiG sowie § 630 S. 2 BGB und § 109 I S. 3 GewO hinsichtlich der für sie jeweils in Betracht kommenden Personen, einen Anspruch auf Zeugniserteilung dahin gehend geltend zu machen, ob sie ein Zeugnis ohne, also ein einfaches Zeugnis, oder aber ein Zeugnis mit bewertendem Charakter, ein qualifiziertes Zeugnis, beanspruchen[40]. Sofern es unter bestimmten Umständen notwendig wird, kann auch ein Zeugnis mit qualifiziertem Inhalt, als ein sogenanntes Zwischenzeugnis, ausgestellt werden[41].

---

[36] http://de.wikipedia.org/wiki/Öffentlicher_Dienst Quelle gesichtet am: 17.01.2013
[37] Vgl. hierzu *Conze/Karb* (2012) in Personalbuch zu Punkt A. III. Rn.3225; Für Beamte beachte ferner § 85 BBG
[38] - so auch in § 12 II SMAusbV
[39] Siehe hierzu auch *Kortstock* (2012) in Nipperdey Lexikon Arbeitsrecht, zum Punkt der Gliederung: Abmusterung von Schiffsbesatzungsmitgliedern
[40] LAG Hamm, Urteil vom 13. 2. 2007 - 19 Sa 1589/06 in NZA-RR 2007, S. 486 zu § 109 GewO; *Löw* (2005) in NJW 2005, S. 3605 (3606); *Schreiber* (2012) in Schulze zu § 630, Rn.1
[41] *Henssler* (2012) in Säcker § 630, Rn.17; *Müller-Glöge* (2013) §109 GewO Rn.50

2. Dauerhaftes Vertragsverhältnis

Inwiefern ein Vertragsverhältnis für den Anspruch auf Erteilung eines über das einfache hinausgehende qualifizierende Zeugnis hinsichtlich der unterschiedlichen Regelungsgehalte in BGB und GewO andauern muss, ergibt sich nicht explizit aus dem jeweiligen Wortlaut.

a) Arbeitsverhältnisse im Sinne von § 109 GewO

Im Gegensatz zum § 630 BGB verzichtet die Regelung des § 109 GewO im Tatbestand auf das Merkmal eines „dauernden" Arbeitsverhältnisses. Folglich kommt es dem Wortlaut dieser Norm nach für einen Arbeitszeugnisanspruch nicht darauf an, dass ein Arbeitsverhältnis auf eine gewisse Dauer angelegt ist bzw. andauert oder angedauert hat. Mithin gilt diese Vorschrift auch für Arbeitnehmer, selbst wenn diese nur einen Tag beschäftigt waren[42]. Zwar würde es einem etwaigen Arbeitgeber bei einem kurzzeitigen Arbeitsverhältnis wohl schwerer fallen, Verhalten und Leistung eines Beschäftigten ggf. zu beurteilen. Jedoch würde für den Leser des Arbeitszeugnisses aufgrund der Kürze einer etwaigen Beschäftigung wohl deutlich, dass der vorhergehende Arbeitgeber den Arbeitnehmer allenfalls nur vordergründig wahrnehmen konnte.

b) Sonstige Dienstverhältnisse im Sinne von § 630 BGB

Die unter Punkt 2.a) erläuterten Grundsätze zu den Arbeitsverhältnissen sind jedoch nicht uneingeschränkt auf die sonstigen Dienstverhältnisse im Sinne des § 630 BGB übertragbar. Denn hier ist letztlich dahin gehend zu unterscheiden, ob ein Arbeitszeugnis bewertenden Charakter haben soll oder nicht. Geht es um ein Zeugnis ohne bewertenden Charakter, so besteht nach § 630 BGB ein Anspruch auf dieses bei jedem Dienstverhältnis[43].

Es kommt mithin für diese Art von Zeugnissen entgegen dem Wortlaut der Norm wie bei § 109 GewO nicht auf die Dauer des Dienstverhältnisses an[44]. Für Arbeitszeugnisse mit bewertendem Charakter, also qualifizierte Zeugnisse muss das Dienstverhältnis jedoch auf Dauer angelegt sein bzw. tatsächlich längere Zeit angedauert haben[45].

---

[42] *Henssler* (2012) in Säcker zu § 630, Rn.10; vgl. *Löw* (2008) in NZA-RR 2008, S. 563 unter Punkt IX.; - ferner gilt gleiches für die Ansprüche aus §§ 16, 26 BBiG

[43] *Henssler* (2012) in Säcker zu § 630, Rn.11; Vgl. *Schreiber* (2012) in Schulze BGB zu § 630, Rn.1

[44] *Wank* (2009) in Münchener Handbuch zu § 105 Rn.3; vgl. auch LAG Düsseldorf vom 14. 5. 1963 in DB 1963, 1260.

[45] Vgl. *Müller/Glöge* (2013) zu § 630, Rn. 2; *Henssler* (2012) in Säcker § 630, Rn. 11

Allerdings erkennt die neuere Rechtsprechung hier bereits einen zweimonatigen Zeitraum als ausreichend an[46].

3. Zeugnisanspruch endgültiges Zeugnis/Rechtliche Ausflüsse

Der Anspruch auf Erteilung eines Arbeitszeugnisses entsteht gemäß § 630 BGB als auch § 109 GewO mit der Beendigung des Dienst- bzw. Arbeitsverhältnisses[47].

Dabei setzt der Anspruch nach BGB und GewO ein Verlangen des Dienstverpflichteten bzw. Arbeitnehmers voraus[48]. Allerdings muss hier angefügt werden, dass der Wortlaut keine Verpflichtung dahingehend enthält, den Anspruch auf Erteilung eines Arbeitszeugnisses mit der Beendigung anerkennen zu müssen. Des Weiteren scheint auch als maßgeblicher Zeitpunkt für den Anspruch nicht der Beginn einer jeweiligen Kündigungsfrist in Betracht zu kommen. Klarstellend räumt hier das Bundesarbeitsgericht dem Berechtigten spätestens einen Anspruch auf ein endgültiges Zeugnis mit Ablauf der Kündigungsfrist oder aber beim tatsächlichen Ausscheiden ein und dies unabhängig davon, ob ggf. Kündigungsschutzklage erhoben wurde[49]. Sofern eine fristlose Kündigung gegeben ist, ist das Endzeugnis umgehend zu erteilen[50], im Falle eines Aufhebungsvertrages im Zeitpunkt des Abschlusses[51]. Weiterhin muss hier angemerkt werden, dass der Arbeitgeber, sofern ein endgültiges Zeugnis verlangt wurde, im Nachhinein nicht darauf verweisen kann, dass er keins mehr erteile, da er bereits ein sogenanntes vorläufiges Zeugnis ausgestellt hat[52].

4. Zeugnisanspruch vorläufiges Zeugnis/Rechtliche Ausflüsse

Unter Berücksichtigung des funktionalen Zusammenhangs zwischen § 629 BGB und § 630 BGB leitete das Bundesarbeitsgericht her, dass der gemeine Anspruch auf Erteilung eines Zeugnisses aber schon zu einem früheren Zeitpunkt als dem des tatsächlichen

---

[46] LAG Köln 30.03.2001 - 4 Sa 1485/00 in BB 2001, S.1959
[47] *Henssler* (2012) in Säcker § 630, Rn.12; *Mansel* (2012) in Jauernig § 630, Rn.1-2
[48] *Schreiber* (2012) in Schulze BGB § 630, Rn.1, *Eckhoff* (2012) in Moll §51, Rn.10
Beachte: Dies gilt jedoch nicht für die Zeugniserteilung gemäß § 16 I S. 1 BBiG
[49] BAG-Urteil vom 27.02.1987 – 5 AZR 710/85; *v. Pappenheim* (2011) S. 415
[50] *Eckhoff* (2012) in Moll, § 51, Rn.3; *Müller-Glöge* (2013) in Erfurter Kommentar zu § 109 GewO, Rn.9
[51] *Müller-Glöge* (2013) in Erfurter Kommentar zu § 109 GewO, Rn.9; *Eckhoff* (2012) in Moll, § 51, Rn.3
[52] *Henssler* (2012) in Säcker § 630, Rn.12; Vgl. *Wank* (2011) in Gewerbeordnung § 109 GewO, Rn.7; *Becker-Schaffner* (1989) in BB, S. 2105, 2108;

Ausscheidens eines Arbeitnehmers bzw. Dienstverpflichteten zu erfüllen ist[53]. Dies wäre beispielsweise dann anzunehmen, insoweit die Beendigung eines Dienstverhältnisses dem Dienstverpflichteten schon angekündigt wurde[54]. In der Regel folgt hieraus, dass der Arbeitnehmer bzw. Dienstverpflichtete sich nach Kündigung in der Regel um eine neue Stelle bewerben wird und deshalb gemäß § 629 BGB hierfür die entsprechende Gelegenheit erhalten muss. Ferner, da insbesondere zukünftig potentielle Arbeitgeber das Arbeitszeugnis als wichtige Grundlage bei ihrer Personalauswahl anfordern bzw. voraussetzen[55] und hierbei das vorläufige Zeugnis, oftmals in der Praxis auch als Zwischenzeugnis bezeichnet, wie ein Quasi-Endzeugnis zunächst dazu dient, Dritte über den potentiellen Angestellten hinsichtlich seiner Tätigkeit zu unterrichten[56]. Da sich aber ab Geltendmachung eines qualifizierten Zeugnisses während der Kündigungsfrist bei gleichzeitig vollziehendem Arbeitsverhältnis noch Änderungen ergeben können, wird dem Arbeitgeber, obschon ein Wahlrecht des Berechtigten ein vorläufiges oder Endzeugnis zu verlangen besteht[57], zugestanden, das (End-) Zeugnis zunächst nur als ein sogenanntes vorläufiges Zeugnis auszustellen[58]. Dabei soll die Leistung des etwaigen Arbeitnehmers durch das vorläufige Zeugnis nur insoweit dokumentiert werden, solange über den gesamten Zeitraum des Arbeitsverhältnisses kein Endzeugnis vorliegt[59]. Jedoch ersetzt das vorläufig ausgestellte Zeugnis nicht das sodann noch auszustellende abschließende Zeugnis, wobei es ferner zu beachten gilt, dass kein Anspruch auf Übernahme von Bewertungsformulierungen aus einem etwaigen vorläufigen Zeugnis ins endgültige Arbeitszeugnis besteht[60]. Andererseits soll der Aussteller des Endzeugnisses von Bewertungsformulierungen des vorläufigen Zeugnisses nur dann abweichen können, allerdings nicht erheblich[61], sofern das Verhalten und die Leistun-

---

[53] BAG, Urteil v. 27.2.1987, 5 AZR 710/85 in NZA 1987, S. 628; *Eckhoff* (2012) in Moll, § 630, Rn.3; *Henssler* (2012) in Säcker, § 630, Rn.13;
[54] *Schreiber* (2012) in Schulze, § 630, Rn.6
[55] BAG, Urteil vom 16. 10. 2007 - 9 AZR 248/07 in NZA 2008, S. 298; Vgl. BAG, Urteil vom 21. 6. 2005 - 9 AZR 352/04 in NZA 2006, S. 104
[56] BAG, Urteil vom 21. Januar 1993 - 6 AZR 171/92 in NZA 1993, S. 1031
[57] LAG, Hamm, Urteil vom 13. 2. 2007 - 19 Sa 1589/06 in NZA-RR 2007, S. 486
[58] LAG, Schleswig-Holstein 1. 4. 2009 in AuA 2010, S. 553; *Monjau* (1969) S. 16; *Müller-Glöge* (2013) in Erfurter Kommentar zu § 109 GewO, Rn.8
[59] LAG, Hamm, Urteil vom 13. 2. 2007 - 19 Sa 1589/06 in NZA-RR 2007, S. 486
[60] LAG, Düsseldorf BB S. 1976, 1536
[61] LAG, Hamm 1. 12. 1994 LAGE BGB § 630 Nr. 25

gen des Arbeitnehmers im Nachhinein hierfür hinreichenden Anlass geben[62]. Diese Grundsätze gelten auch, sofern nach Ausstellung eines vorläufigen Zeugnisses ein Betriebsübergang gemäß § 613a BGB stattgefunden hat, für den jeweiligen Betriebserwerber, welcher sodann für eine Zeugnisausstellung zuständig wäre[63]. Ist allerdings ein vorläufiges Zeugnis ausgestellt, so ist dieses Zug um Zug mit Ausgabe des Endzeugnisses zurückzugeben[64].

5. Zeugnisanspruch Zwischenzeugnis[65]/Rechtliche Ausflüsse

Da es mitunter sein kann, dass auch bei einem ungekündigten Dienst- bzw. Arbeitsverhältnis ein Bedürfnis nach einem Arbeitszeugnis besteht, so ist es jedoch für dessen Ausstellung Voraussetzung, dass der Dienstverpflichtete ein berechtigtes Interesse geltend macht. Das ist dann der Fall, insoweit das Zwischenzeugnis dazu geeignet ist, den damit angestrebten Erfolg zu begünstigen[66]. Dies folgt daraus, dass im Bezug auf § 630 BGB ein diesbezüglicher Anspruch nicht aus der Norm selbst, sondern allenfalls nur aus der Fürsorgepflicht des Dienstberechtigten hergeleitet werden kann[67]. Ein berechtigtes Interesse wäre beispielsweise dann gegeben, wenn das Zwischenzeugnis wie bei einer Bewerbung oder für die Vorlage bei Behörden geeignet ist, mittels diesem den Erfolg zu fördern[68]. Ferner besteht nach § 630 S. 4 BGB i.V.m. § 109 GewO aus der Norm der GewO ebenfalls kein Anspruch auf Erteilung eines so genannten Zwischenzeugnisses. Allerdings kann sich, soweit tarifliche Vorschriften nicht greifen, eine etwaige Verpflichtung des Arbeitgebers für die Erteilung eines Zwischenzeugnisses aus allgemein vertraglicher Nebenpflicht ergeben[69]. Hierfür müsste in Anlehnung an § 35 II TVÖD jedoch ein triftiger Grund vorliegen, da der Anspruch auf eine etwaige Erteilung eines Zwischenzeugnisses anlassbezogen und gegenüber dem gesetzlichen Zeugnisan-

---

[62] BAG, Urteil vom 16. 10. 2007 - 9 AZR 248/07 in NZA 2008, S.298; LAG Köln, Urteil vom 8. Juli 1993 - 10 Sa 275/93 in NZA 1994 S. 420; LAG Köln, Urteil vom 22. August 1997 - 11 Sa 235/97 in NZA 1999, S. 771
[63] BAG, Urteil vom 16. 10. 2007 - 9 AZR 248/07 in NZA 2008, S.298
[64] *Löw* (2008) in Neues vom Arbeitszeugnis in NZA-RR 2008, S. 561 unter Punkt VIII.; *Linck* (2011) in Schaub, § 147 Arbeitsrechtshandbuch, Rn.37
[65] Zur Differenzierung Zwischen- und vorläufiges Zeugnis: *Knobbe/Leis/Umnuß* (2011) in Arbeitszeugnisse, S. 50
[66] BAG, Urteil vom 1. 10. 1998 - 6 AZR 176/97 in NZA 1999, S. 894
[67] *Henssler* (2012) in Säcker, § 630 Rn.18; *Schreiber* (2012) in Schulze, § 630, Rn.6;
[68] BAG, Urteil v. 21.01.1993 – 6 AZR 171/92 in NZA 1993, S. 1031, 1.a)
[69] *Müller-Glöge* (2013) in Erfurter Kommentar zu § 109 GewO, Rn.50;

spruch subsidiär ist.[70] Regelmäßig wird ein triftiger Grund im Wesentlichen bei tatsächlichen Veränderungen des Arbeitsverhältnisses vorliegen soweit durch diese das etwaige Vertragsverhältnis zu einem zumindest erkennbaren Einschnitt gelangt[71]. Dementsprechend kann ein sogenanntes Zwischenzeugnis unter anderem bei der Zuweisung einer neuen Tätigkeit, Versetzung oder bei längerem Ruhen des Arbeitsverhältnisses sowie bei einem Betriebsübergang[72] verlangt werden[73]. Weiterhin besteht auch bei einem Wechsel des Vorgesetzten ein diesbezüglicher Anspruch, insbesondere da ansonsten eine sachgerechte Beurteilung für längere Zeit nicht erwartet werden könnte[74]. Soweit der Arbeitnehmer jedoch auf sein Verlangen hin schon ein Endzeugnis erhalten hat, besteht kein triftiger Grund mehr für einen Anspruch auf ein zusätzliches Zwischenzeugnis[75]. Dennoch gilt es zu beachten, dass für dieses Zeugnis im Sinne des § 109 GewO die gleichen Grundsätze für dessen Inhalt wie bei einem Endzeugnis gelten[76]. Weiterhin gelten die Grundsätze, dass von einem Zwischenzeugnis bei der Ausstellung einer Endzeugnisses nur dann abgewichen werden soll, insoweit rechtfertigende Gründe dafür Anlass geben. Das gilt letztlich auch für den Betriebserwerber nach einem etwaig erfolgten Betriebsübergang gemäß § 613a BGB[77].

6. Umschulungszeugnis/Qualifizierungszeugnis

Sofern ein Umschüler an einer Umschulungsmaßnahme mittels eines Qualifizierungsvertrags teilnimmt, begründet dies ebenfalls einen Zeugnisanspruch gemäß § 630 BGB[78]. Zwar werden im § 1 BBiG die berufliche Um- und Fortbildung aufgezählt. Jedoch richtet sich der diesbezügliche Zeugnisanspruch nicht nach § 16 BBiG, da Umschulungsverträge zwischen der jeweiligen die Umschulung vornehmenden Einrichtung und dem Umschüler selbst keine Vertragsverhältnisse im Sinne des § 26 BBiG

---

[70] LAG Köln Urteil vom 2. 2. 2000 - 3 Sa 1296/99 in NZA-RR 2000, S. 419; *Müller-Glöge* (2013) § 109 GewO, Rn.50; LAG Hessen, 28.03.2003 - 12 Sa Ga 1744/02=LAG HE 28. 3. 2003 LAG Report 2004, S. 215

[71] *Müller-Glöge* (2013) in Erfurter Kommentar zu § 109 GewO, Rn.50

[72] Vgl. hierzu *Jüchser* (2012) in NZA 2012, S. 244 - 246

[73] Beispielsweise aufgrund Wehrdienstes oder Abgeordnetenmandat; ggf. besteht auch Anspruch bei Vorlagepflicht zur Teilnahme an Fortbildungsmaßnahmen

[74] BAG (6. Senat), Urteil vom 01.10.1998 - 6 AZR 176/97

[75] LAG Hamm, Urteil vom 13. 2. 2007 - 19 Sa 1589/06 in NZA-RR 2007, S. 486

[76] LAG Düsseldorf v. 2. 7. 1976 9 Sa 727/76 in BB 1976 S. 1562

[77] BAG, Urteil vom 16. 10. 2007 - 9 AZR 248/07 in NZA 2008, S.298

[78] *Höser* (2012) in Rechtssprechungsübersicht in NZA-RR 2012, S.281

sind[79]. Letztlich ergibt sich zwischen Qualifizierungsvertrags- und Umschulungszeugnissen zu den Zeugnissen gemäß 16 BBiG im Ergebnis aber nur dahingehend ein Unterschied dass Letzteres ohne Aufforderung zu erstellen ist.

---

[79] BAG, Urteil vom 19. 1. 2006 - 6 AZR 638/04 in NZA 2007, S.97

II. Zeugnisarten

Hinsichtlich der Normen § 109 GewO, § 630 BGB und auch § 16 BBiG unterscheidet das Gesetz zwischen qualifizierten und einfachen Zeugnissen. Dabei haben die qualifizierten Zeugnisse, die wie die einfachen Zeugnisse zunächst auch Auskunft über die Art und Dauer der Beschäftigung geben, allerdings einen zusätzlichen, die jeweilige Person bezüglich ihrer Leistung und Verhalten beurteilenden Teil zum Gegenstand[80]. Zu den Zeugnissen zählen nicht die sogenannten Arbeits- sowie Entgeltbescheinigungen und ferner die Bescheinigung gemäß § 312 SGB III[81].

---

[80] Vgl. hierzu ArbG Berlin, Urteil vom 4. 11. 2003 - 84 Ca 17498/03 in NZA-RR 2004, S. 297
[81] *Becker-Schaffner* (2004) in ZAP 2004, S. 739, 743; *Henssler* (2012) in Säcker § 630, Rn.22

III. Wahlrecht

Ein Dienstverpflichteter kann gemäß § 630 S.1 BGB und ein Arbeitnehmer gemäß § 109 GewO hinsichtlich seines jeweiligen Dienst- oder Arbeitsverhältnisses die Ausstellung eines einfachen Zeugnisses bzw. einer diesbezüglichen Arbeitsbescheinigung mit allgemeinen Daten, welche das Dienst- bzw. Arbeitsverhältnis betreffen, verlangen. Auf Wunsch des Dienstverpflichteten bzw. Arbeitnehmers muss das von ihm verlangte Zeugnis gemäß § 630 S.2 BGB oder § 109 I S.2, 3 GewO allerdings auf sein Verhalten und seine Leistungen erstreckt werden. Dies hat zur Folge, dass das Zeugnis nun auch einen beurteilend-bewertenden Charakter erhält. Grundsätzlich aber steht es dem Dienstverpflichteten und dem Arbeitnehmer frei, zu wählen, ob er ein einfaches oder ein beurteilend-bewertendes Zeugnis, mithin ein qualifiziertes Zeugnis, verlangt[82]. Jedoch wird auch in der Literatur die Auffassung vertreten, dass im Fall des Verlangens des Anspruchsberechtigten um Erteilung eines Zeugnisses dieses hinsichtlich der §§ 133,157 BGB in der Regel als Forderung nach einem qualifizierten Arbeitszeugnis aufzufassen sein soll[83].

---

[82] *Schreiber* (2012) in Schulze, § 630, Rn.1; *Neumann* (2012) in Landmann/Rohmer, § 109 GewO, Rn.18; *Henssler* (2012) in Säcker, § 630, Rn.23
[83] *Henssler* (2012) in Säcker, § 630, Rn.31; *Müller-Glöge* (2013) § 109 GewO, Rn.5; anderer Ansicht *Neumann* (2012) in Landmann/Rohmer §109 GewO, Rn.18

IV. Wahlschuld

Bezüglich dessen, ob gegebenenfalls die Ausstellung eines einfachen oder aber eines qualifizierten Zeugnisses gefordert wird, soll nach einer Ansicht in der Literatur eine Wahlschuld im Sinne von § 262 BGB bestehen, wobei sich in der Folge die Verpflichtung des Zeugnisausstellenden nach der Ausübung des dem Dienstverpflichteten bzw. Arbeitnehmers zustehenden Wahlrechts sodann auf die jeweilig gewählte Form im Sinne von § 263 II BGB beschränkt[84]. Die ablehnende Haltung, die das Nichtvorliegen einer Wahlschuld damit begründet, dass der Anspruchsberechtigte unabhängig davon, welche Wahl er zunächst bezüglich der Zeugnisart getroffen hat, sie im Nachhinein nach Bedarf aber korrigieren könnte, insbesondere, da der Inhalt eines zunächst verlangten beurteilend-bewertenden Zeugnisses ja nicht bekannt wäre[85], vermag jedoch nicht zu überzeugen.

Zwar kann dem Wortlaut des § 630 BGB wie auch dem § 109 GewO keine Wahlschuld als Begriff entnommen werden. Jedoch räumen die Normen den Anspruchsberechtigen ein, dass diese ein Zeugnis über das jeweilige Beschäftigtenverhältnis und dessen Dauer verlangen können. Weiterhin wird sodann gemäß § 630 S.2 BGB und § 109 I S.3 GewO der Anspruch auf Erweiterung des Zeugnisinhalts auf die Leistung und die Führung bzw. Verhalten gewährt. Mithin erlaubt es der Gesetzgeber daher, zu wählen, in welchem Umfang ein jeweiliges Zeugnis ausgestellt werden soll. Folglich könnte angenommen werden, dass ein Wahlrecht zur Zeugniserteilung gemäß § 262 BGB dahin gehend besteht, dass letztlich nur ein gültiges Zeugnis gewählt werden kann. Dies könnte in der Konsequenz aber den § 263 II BGB zur Anwendung bringen, wonach mit Ausübung des Wahlrechts dieses erloschen und folglich keine nachträglichen Änderungswünsche bezüglich der Art des auszustellenden Zeugnisses mehr möglich wären. Jedoch scheint es vielmehr, als können die letztlich wohl nur aus dem Kontext des Vorgangs des Auswählens der Zeugnisart bei § 630 BGB sowie § 109 GewO und der damit sodann einfach nur weiterfort begrifflich verwendeten substantivierten Bezeichnung eines daraus sich ergebenen Wahlrechts jedoch nicht auf jene Benennung der Wahlschuld im § 262 BGB projiziert werden. Wäre es an dem, ließe die gesetzgeberi-

---

[84] vgl. *Henssler* (2012) in Säcker, § 630, Rn.23; *Neumann* (2012) in Landmann/Rohmer zu § 109 GewO, Rn.18; Beachte ferner zu Übergang des Wahlrechts § 264 II BGB
[85] *Hueck/* (2011) in Nipperdey § 51 I, Rn.8; *Henssler* (2012) in Säcker, § 630, Rn.24

sche Rechtsfolge bei Ausübung dieses Gestaltungsrechts nämlich kein nachträgliches Um-Entscheiden zu, da mit Aushändigung des gewählten Zeugnisses das Gestaltungsrecht verbraucht und die Wahl damit endgültig wäre[86]. Daher kann wohl angenommen werden, dass es zwar im Bezug auf die Zeugniserteilung letztlich eine begrifflich verwendete Wahlschuld gibt, diese Wahlschuld aber wohl keine Wahlschuld im Sinne des § 263 BGB darstellt[87]. Denn würde bezüglich der Erteilung des Zeugnisses eine Wahlschuld im Sinne des § 262 BGB bestehen, könnte ferner der Arbeitgeber bzw. Dienstberechtigte den Anspruchsberechtigten gegebenenfalls auch im Sinne von § 264 BGB in Verzug setzen[88]. Dies scheint jedoch dem Sinn und Zweck des Wortlauts des § 630 BGB und des § 109 GewO zu widersprechen, da nach beiden Normen lediglich ein Anspruch auf Erteilung eines Zeugnisses besteht und dieser nicht geltend gemacht werden muss. Hätte dies der Gesetzgeber gewollt, so hätte er wohl begrifflich den Normen einen verpflichtenden Terminus bezüglich der Geltendmachung eines Zeugnisses beigefügt und darüber hinaus durch das Einfügen des Wörtchens „oder" am Ende des ersten Satzes bei § 630 BGB und selbiges am Ende des zweiten Satzes des Absatzes 1 bei § 109 GewO ein wohl eindeutiges Wahlrecht in Form von zu wählenden Alternativvorgaben im Sinne des § 262 BGB i. V. m. § 263 BGB geschaffen.

---

[86] *Krüger* (2012) in MÜKO zu § 263, Rn.4; Staudinger/Bittner (2009) Rn.2
[87] - im Ergebnis so auch *Henssler* (2012) in Säcker zu § 630, Rn.24, 1. Satz
[88] *Schliemann* (2002) § 630 zu 5. Punkt Wahlschuld, Rn.5;

V. Fälligkeit

Die Fälligkeit des Anspruchs auf Erteilung eines Zeugnisses ist abgesehen von § 16 BBiG gemäß § 109 GewO und § 630 BGB dann gegeben, wenn das jeweilige Zeugnis verlangt wurde, da die letzteren beiden Normen eben nur feststellen, dass grundsätzlich ein Anspruch besteht[89]. Ist dem Ausstellungsverpflichteten eines Arbeitszeugnisses das Verlangen seitens des Ausstellungsberechtigten kundgetan, so ist diesem eine angemessene Bearbeitungszeit zuzubilligen[90].

Zwar gibt es keinen allgemein festgelegten Zeitraum für die Erstellung eines Arbeitszeugnisses, da auch die jeweiligen Umstände und ferner noch die Art des auszustellenden Zeugnisses zu berücksichtigen sind. Jedoch wird von der Rechtsprechung für die Erstellung ein Zeitraum von 2-3 Wochen noch als angemessen angesehen[91]. Liegt allerdings eine fristlose Kündigung vor, so ist das jeweilig verlangte Zeugnis sofort zu erteilen[92].

---

[89] *Wank* (2009 in Handbuch, § 105, Rn.5; *Schleßmann*, (2010) S. 53; *Henssler* (2012) in Säcker, zu § 630 BGB, Rn.12, 1. Satz; *Schreiber* in Schulze, zu § 630, Rn.1; *Wank* (2011) in Gewerbeordnung, § 109 GewO, Rn.9; *Kortstock* in Nipperdey Lexikon, unter Gliederungspunkt: Zeugnis, 1.Absatz; vgl. auch *Neumann* (2012) in Landmann / Rohmer, § 109, Rn.18, 1. Satz

[90] *Wank* (2011) in Gewerbeordnung, zu § 109 GewO, Rn.9

[91] LAG Schleswig-Holstein AuA 2010, S. 553

[92] *Müller-Glöge* (2012) § 109 GewO, Rn.9; *Wank* (2009 in Handbuch, § 105, Rn.5

VI. Zeugnisanforderungen/Einheitliches Zeugnisrecht

Obwohl, wie schon festgestellt, die Paragraphen 630 BGB und 109 GewO unterschiedliche Anwendungsbereiche haben und weiterhin auch in ihrem Wortlaut unterschiedlich sind, wird insgesamt ein einheitliches Zeugnisrecht angenommen[93].

Dabei ist der § 109 GewO n. F. als sprachlich modernere Version der §§ 630 BGB und 113 GewO a. F. zu verstehen[94]. Letztlich soll, da die Zwecke der Normen kongruent sind, aus unbeträchtlichen Divergenzen in deren Formulierungen nicht darauf zu schließen sein, dass diese etwa substanzielle Unterschiede ausmachten[95].

1. Materielle Anforderungen

a) Das einfache Zeugnis[96]

Bei einem einfachen Zeugnis werden gemäß § 630 S. 1 BGB und § 109 I S. 2 GewO ausschließlich die Art und die Dauer der jeweiligen Tätigkeit bestätigt. Dabei muss es eine genaue und vor allem vollständige Tätigkeitsbeschreibung zum Inhalt haben[97]. Dies bezieht sich auf sämtliche Tätigkeiten bzw. Aufgaben, welche ein Urteil über Leistungsfähigkeit respektive Kenntnisse erlauben[98]. Aufzuführen sind die Tätigkeiten nach chronologischem Ablauf[99]. Weiterhin sind etwaige Verantwortung sowie Kompetenzen im Fortgang der Beschäftigung beim Unternehmen so exakt und vollständig darzulegen[100], dass es in der Nachschau einem Dritten möglich ist, sich darüber ein Bild machen zu können[101].

---

[93] LAG Hamm, Urteil vom 27.2.1997, 4 Sa 1691/96; *Henssler* (2012) in Säcker, § 630, Rn.25; siehe hierzu ebenfalls *Kortstock* (2012) in Nipperdey, Lexikon zum Begriff: Zeugnis

[94] *Boemke/Müller* (2003) Kommentar, Gewerbeordnung, § 109 GewO, Rn.1

[95] *Henssler* (2012) in Säcker, § 630, Rn.25

[96] Beispiel siehe im Anhang S. 102

[97] BAG (3. Senat), Urteil vom 12.08.1976 - 3 AZR 720/75

[98] *Henssler* (2012) in Säcker, § 630, Rn.26

[99] *Neumann* (2012) § 109 GewO, Rn.20; Vgl. auch LAG Frankfurt, Urteil vom 23.01.1968 - 5 Sa 373/67; *Eckhoff* (2012) in Moll, § 51, Rn.8

[100] Vgl. hierzu LAG Baden-Württemberg: Urteil vom 09.02.2012 - 11 Sa 43/11

[101] LAG Hamm Urteil vom 28. 8. 1997 - 4 Sa 1926/96 ; LAG Hamm v. 3. 1. 1969 2 Sa 592/68 in BB 1969, S.834; Vgl. *Korstock* (2012) in Nipperdey unter Begriff: Zeugnis; BAG (3. Senat), Urteil vom 12.08.1976 - 3 AZR 720/75

Hierbei kann zwar auf eine Beschreibung der Stelle zurückgegriffen werden[102]. Eine Bezeichnung der allgemeinen Funktion als beispielsweise Sekretärin oder Sachbearbeiter und weiterhin die alleinige Angabe der Entgeltgruppe reichen jedoch nicht aus[103].

aa) Aufzunehmender Inhalt im Einzelnen

In einem Arbeitszeugnis in Gestalt eines einfachen ausgestellten Zeugnisses werden lediglich nur reine Fakten dokumentiert[104]. Die Folge davon ist, dass bei dieser Art von Zeugnissen kaum Platz für Bewertungen besteht und daher aufgrund des begrenzten Beurteilungsspielraums das einfache Zeugnis über Art und Dauer der Beschäftigung hinaus keinen bewertenden Charakter hat[105]. Der aufzunehmende Inhalt beschränkt sich auf die Angabe des Namens, die Art der Dienstleistung und Dauer, womit die zeitliche Dauer gemeint ist[106]. Dabei richtet sich die anzugebende Dauer grundsätzlich nach dem jeweilig rechtlichen Bestand eines Arbeitsverhältnisses, wobei auch Zeiten zum Beispiel einer erzwungenen Weiterbeschäftigung mit einzubeziehen sind[107]. Weiterhin können in einem Arbeitszeugnis lediglich solche Tätigkeiten unerwähnt bleiben, welchen im Hinblick auf spätere Bewerbungen des jeweiligen Arbeitnehmers keinerlei Bedeutung zukommt[108]. Andererseits genügen nur allgemein gehaltene Angaben nicht, sofern der Beschäftigte auch mit Sonderaufgaben betraut wurde[109]. So sind neben den Beschreibungen der ausgeführten Tätigkeiten sowie des Arbeitsplatzes auch etwaige Leitungsbefugnisse bzw. Vertretungsbefugnisse wie etwa eine erteilte Prokura zu erwähnen[110]. Ferner sind, soweit der Arbeitnehmer im jeweiligen Betrieb in mehreren Bereichen tätig gewesen ist, jede einzelne dieser Tätigkeiten in einem einheitlichen Arbeitszeugnis zusammenzufassen[111]. Auch Eingruppierungen in die jeweiligen Tarifgruppen können erwähnt werden, da diese Auskunft über Wertigkeit der jeweiligen

---

[102] LAG Hamm, Urteil vom 28. 8. 1997 - 4 Sa 1926/96 in NZA-RR 1998, S. 490
[103] *Conze/Karb* (2012) Rn.3218; Vgl. *Eckhoff* (2012) in Moll, § 51, Rn.8
[104] *Staudinger/Preis* (2009) § 630, Rn.36; *Henssler* (2012) in Säcker, § 630, Rn.30
[105] *Henssler* (2012) in Säcker, § 630, Rn.30; *Conze/Karb* (2012) Rn.3218
[106] *Mansel* (2011) in Jauernig § 630, Rn.3; *Korstock* (2012) in Nipperdey zu § 109 GewO unter Begriff: Zeugnis
[107] BGH, *Urteil* vom 9. 11. 1967 - II ZR 64/67 (Oldenburg) in NJW 1968, S. 396
[108] BAG (3. Senat), Urteil vom 12.08.1976 - 3 AZR 720/75 in FHZivR 24 Nr. 1807
[109] *Henssler* (2012) in Säcker, zu § 630, Rn.26 mittig
[110] LAG Baden-Württemberg, Urteil vom 19.06.1992 - 15 Sa 19/92 in NZA 1993, S. 127; *Eckhoff* (2012) in Moll, § 51, Rn.8;
[111] LAG Frankfurt, Urteil vom 7. 5. 1969 - 6 Sa 744/68 in NJW 1970, S. 880

Tätigkeit gibt[112]. Längere Unterbrechungen jedoch, wie sie bei Erziehungsurlaub oder sehr langer Krankheit vorkommen, sollen hinsichtlich des Grundsatzes der Zeugniswahrheit angegeben werden[113]. Dies gilt ebenso für die Elternzeit, insoweit es bei der jeweiligen Tätigkeit auf aktuell-technische Kenntnisse oder gar besonderes Erfahrungswissen ankäme[114]. Darüber hinaus sind Teilnahmen an Fortbildungen in einem Zeugnis nur dann aufzunehmen, soweit diese für die etwaige berufliche Entwicklung des Beschäftigten bedeutend waren und ferner sich die mit ihrem Besuch erreichte Qualifikation weiterhin nicht schon in der jeweiligen Tätigkeitsbeschreibung niederschlagen würde. Dies wäre zum Beispiel dann der Fall, wenn die Fortbildung unmittelbar kurz vor Ausscheiden des Beschäftigten aus dem jeweiligen Betrieb erfolgte[115].

bb) Nicht aufzunehmender Inhalt im Einzelnen

In einem Zeugnis nicht aufzunehmender Inhalt sind beispielsweise kürzere Unterbrechungen wie Urlaub oder Krankheit. Darüber hinaus sind auch Streiktage in einem Arbeitszeugnis nicht zu berücksichtigen[116]. Weiterhin ist eine Freistellung durch Personalrats- oder Betriebsratstätigkeit nur mit dem Willen des jeweiligen Arbeitnehmers anzugeben[117]. Dies gilt ferner für die Mitgliedschaft in anderen Arbeitnehmervertretungen einschließlich der Mitwirkung im Aufsichtsrat. Auch darf eine ehrenamtliche Betätigung in der Regel nicht erwähnt werden[118]. Dies gilt auch für eine etwaige Gewerkschaftszugehörigkeit im Sinne des Art. 9 III GG. Allerdings kann bei längerer Freistellung zum Zwecke der Betriebsratstätigkeit eine Erwähnung der Freistellung im Hinblick auf die Wahrheitspflicht unvermeidlich und zulässig sein. Dies jedenfalls dann, wenn sie wiederum, wie oben erwähnt, zu einer zumindest längeren Unterbrechung der jeweiligen Tätigkeit führte und der Beschäftigte entsprechend den durchschnittlichen Anforderungen seines Berufs nicht mehr in der Lage wäre, seine Leistung ohne Weiteres zu erbringen[119]. Denn aus dem Zeugnis darf nicht der falsche Eindruck

[112] *Müller-Glöge* (2013) § 630 BGB, Rn.65; *Staudinger/Preis* § 630 BGB Rn.31 f.; *Eckhoff* (2012) in Moll, § 51, Rn.8
[113] *Neumann* (2012) in Landmann/Rohmer, § 109 GewO, Rn.19
[114] LAG Köln v. 30. 8. 2007 – 10 Sa482/07 in AuA 2008, S.753; BAG, Urteil vom 10. 5. 2005 - 9 AZR 261/04 in NZA 2005, S.1237
[115] *Müller-Glöge* (2013) in Erfurter Komm. Zu § 630, Rn.20
[116] *Neumann* (2012) in Landmann/Rohmer zu § 109 GewO, Rn.19; *Schleßmann* (1988) in BB 1988, S. 1320
[117] *Witt* (1996) in BB 1996, S. 2194; *Brill* (1981) in BB 1981, S. 616
[118] BAG (7. Senat), Urteil vom 19.08.1992 - 7 AZR 262/91;
[119] LAG Frankfurt a. M. v. 10. 3. 1977 6 Sa 779/76 in DB 1978 S.167

einer kontinuierlichen Arbeitsleistung und entsprechenden Berufserfahrung vermittelt werden, wenn diese gleich aus welchem Grund längere Zeit unterbrochen war[120]. Würde andernfalls für die Dauer einer Freistellung im Arbeitszeugnis keine Angabe eines rechtfertigenden Grundes aufgeführt, so läge dies, aller Wahrscheinlichkeit nach, wohl in keinem Interesse eines jedweden Arbeitnehmers[121]. Gründe für die Beendigung des jeweiligen Beschäftigungsverhältnisses[122], sofern keine fristlose arbeitgeberseitige Kündigung bezüglich schwerwiegender Vertragsverletzungen vorliegt[123], und darüber hinaus die Höhe des Verdienstes, sind ebenfalls nicht anzugeben[124]. Anders sähe es jedoch aus, sofern der Arbeitnehmer eine diesbezügliche Angabe verlangen würde[125]. Dies könnte beispielsweise der Fall sein, wenn wegen der Ungewöhnlichkeit des jeweiligen Beendigungszeitpunktes der Verdacht des Vorliegens einer fristlosen Entlassung aufkommen könnte[126], obgleich ein Aufhebungsvertrag vorläge[127]. Soweit im Zusammenhang mit einer Auflösung eines Vertrages mit einem Beschäftigten Veränderungen einseitig oder aber einvernehmlich vorgenommen wurden, so sind solche nicht in einem Zeugnis aufzuführen[128]. Überdies darf in einem Zeugnis zu keinem der folgenden Punkte etwas ausgeführt werden[129]:

- ➢ Abmahnungen
- ➢ Alkoholabhängigkeit
- ➢ Drogenmissbrauch
- ➢ Parteizugehörigkeit
- ➢ Religiöses Engagement
- ➢ Nebentätigkeiten
- ➢ Vorstrafen
- ➢ Mutterschutz, Schwangerschaft

---

[120] *Müller-Glöge* (2013) in Erfurter-Kom. § 109 GewO, 21; LAG Frankfurt /M. v. 10.03.1977, 6 Sa 779/76 in DB 1978, S. 167
[121] BAG Urteil vom 19.08.1992 - 7 AZR 262/91 in NZA 1993, S.222
[122] *Wank* (2011) § 109 GewO, Rn.12; *Neumann* (2012) in Landmann/Rohmer I, § 109 Rn.19.
[123] ArbG Düsseldorf v. 1. 10. 1987 9 Ca 2774/87 in DB 1988, S.508
[124] *Eckhoff* (2012) in Moll, § 51, Rn.8
[125] *Wank* (2011) in Gewerbeordnung, § 109 GewO, Rn.12; *Eckhoff* (2012) in Moll, § 51, Rn.8
[126] LAG Hamm Urteil vom 17.06.1999 - 4 Sa 2587/98 in MDR 2000, S. 590; LAG Köln v. 29. 11. 1990 10 Sa 801/90 in AuR 1992, 123 (L)
[127] LAG Baden-Württemberg vom 9. 5. 1968 in DB 1968, S.1319; LAG Hamm vom 17. 6. 1999 in MDR 2000, S.590
[128] BAG, Urteil vom 26. 6. 2001 - 9 AZR 392/00 in NZA 2002, S. 34
[129] *Löw* (2005) in NJW, 2005, S. 3606, III.2.

> Privatangelegenheiten (Sexuelle Ausrichtung usw.)

Allerdings gelten unter bestimmten Voraussetzungen zu den Punkten Alkoholabhängig-keit[130], Drogenmissbrauch[131] und Vorstrafen[132] auch Ausnahmen.

b) Das qualifizierte Zeugnis[133] (Theoretische Grundsätze)

Inhaltlich gelten für das Zeugnis in Gestalt des qualifizierten Arbeitszeugnisses zunächst dieselben Kriterien, welche oben zu den Punkten 1.aa) und 1.bb) ausgeführt wurden[134]. Überdies ist hinsichtlich des qualifizierten Zeugnisses, auf Verlangen des Dienstverpflichteten bzw. Arbeitnehmers, das Zeugnis über Angaben von Namen und Art der Dienstleistung sowie deren Dauer nach § 630 S. 2 BGB auf Führung und Leistung und nach § 109 I S.3 GewO für den Arbeitnehmer auf das Verhalten und die Leistung im jeweiligen Arbeits- bzw. Beschäftigtenverhältnis zu erstrecken[135].

Zu beachten gilt, dass der Begriff Führung lediglich die veraltete und noch verwendete Bezeichnung im Sinne des § 630 BGB für den Terminus Verhalten des § 109 GewO ist. Beide Begriffe sind bedeutungsgleich[136]. Ferner muss das qualifizierte Arbeitszeugnis jedoch noch weiteren Anforderungen entsprechen. Dabei sind als allgemeine Grundsätze die Einheitlichkeit des Arbeitszeugnisses, dessen Vollständigkeit sowie die Wahrheit anerkannt[137].

aa) Einheitlichkeit

Zunächst folgt aus dem Einheitlichkeitsgrundsatz, dass das qualifizierte Arbeitszeugnis nicht jeweils auf die Führung oder Leistung begrenzt werden darf[138], da jedwedes qualifizierte Zeugnis nämlich ein gesamtes Bild vermitteln soll. Und dies ist selbst dann

---

[130] - so gilt etwas anderes bei dienstlicher Trunkenheitsfahrt und strafrechtlicher Verurteilung BAG, Urteil vom 29-01-1986 - 4 AZR 479/84 in NJW 1986, S. 2209

[131] - so gilt etwas anderes sofern hierdurch die Brauchbarkeit im Dienst beeinflusst wird, so: *Neumann* (2012) in Landmann/Rohmer, § 109 GewO, Rn.26; LAG München v. 14. 9. 1976 6 Sa 584/76;

[132] - so gilt etwas anderes wenn diese eine dienstliche Pflichtverletzung darstellen so *Löw* 2005) in NJW, 2005, S. 3606f;

[133] Musterbeispiel eines qualifizierten Zeugnisses im Anhang S. 103

[134] LAG Hamm, Urteil vom 27. 2. 1997 - 4 Sa 1691/96 in NZA-RR 1998, S. 151

[135] *Henssler* (2012) in Säcker, § 630, Rn.31; *Mansel* (2011) in Jauernig, § 630, Rn.3; *Eckhoff* (2012) §51, Rn.10

[136] *Neumann* (2012) in Landmann/Rohmer, § 109 GewO, Rn.24; *Huesmann* (2007) S. 57

[137] Vgl. hierzu *Schreiber* (2012) in Jauernig, § 630, Rn.2; *Kortstock* (2012) in Nipperdey Lexikon zum Arbeitsrecht unter Gliederungsunkt: Zeugnis

[138] LAG Köln, 30.03.2001 - 4 Sa 1485/00 in BB 2001, S.1959; Vgl. ArbG Düsseldorf v. 1. 10. 1987 9 Ca 2774/87 in DB 1988, S.508

nicht möglich, sofern es der Wunsch des zu Beurteilenden wäre[139]. Jedoch kann der jeweilige Arbeitgeber Verhalten und Leistung unabhängig voneinander bewerten. Dabei ist zu beachten, dass es keinen Automatismus gibt, aus dem folgt, dass einer überdurchschnittlichen Beurteilung der Leistung eine überdurchschnittliche Beurteilung des Verhaltens folgt[140].

bb) Wahrheitspflicht

Der Grundsatz der Wahrheitspflicht besagt, dass ein Arbeitszeugnis wahrheitsgemäß über die Leistung und das Verhalten des Arbeitnehmers zu berichten hat[141]. Dabei muss zum einen die Beurteilung des Arbeitnehmers wahr sein. Dies wiederum bedeutet, dass eine objektive und deshalb nachvollziehbare Erfassung von Verhalten und Leistung des jeweiligen Dienstverpflichteten oder Arbeitnehmers bei fortwährend gleichbleibendem Maßstab vergleichsweise mit anderen Mitarbeitern vorgenommen wird. Zum anderen müssen die Gegebenheiten schriftlich zutreffend erfasst werden, um gewährleisten zu können, dass der Leser eines Arbeitszeugnisses denselben Eindruck erhält, welchen der Aussteller des jeweiligen Zeugnisses zugrunde legte. Das Ziel des Wahrheitsgrundsatzes wäre nämlich verfehlt, wenn der jeweilige Leser den Zeugnisinhalt nur mittels weiterer Hilfsmittel richtig verstehen könnte[142]. Dies würde den Geboten der Zeugnisklarheit und Zeugniswahrheit widersprechen[143]. In diesen Grenzen ist der Arbeitgeber bzw. Dienstberechtigte zwar frei bezüglich der Wahl der von ihm zu treffenden Formulierungen. Jedoch müssen diese klar sowie verständlich sein[144]. Und obschon sich in der Arbeitsweltpraxis eine eigene Sprache für die Abfassung von Zeugnissen entwickelt hat, darf das Zeugnis gemäß § 109 II Satz 2 GewO keine Ausdrucksformen enthalten, welche ggf. den Zweck haben sollen, nicht eine entsprechend dem Wortlaut oder der äußeren Form nach ersichtliche Ausführung über den jeweiligen Anspruchsberechtigten

---

[139] LAG Frankfurt, Urteil vom 23.01.1968 - 5 Sa 373/67 in NJW 1968, S. 2028
[140] LAG Rheinland-Pfalz, Urteil v. 14. 5. 09 - 10 Sa 183/09 in NZA-RR 2010, S.69
[141] LAG Düsseldorf, Urteil vom 22.01.1988 - 2 Sa 1654/87 in NZA 1988, S.399; Vgl. BAG (5. Senat), Urteil vom 23.06.1960 - 5 AZR 560/58
[142] *Kortstock* (2012) in Nipperdey unter Gliederungsunkt: Zeugnis; *Henssler* (2012) in Säcker, § 630, Rn.33; Vgl. hierzu auch *Schreiber* (2012) in Jauernig, § 630, Rn.2
[143] BAG, Urteil v. 15. 11. 2011 – 9 AZR 386/10 in NZA 2012, S.448; Vgl. BAG, Urteil vom 14. 10. 2003 - 9 AZR 12/03 in NZA 2004, S. 843
[144] vgl. § 109 Abs. 2 Satz 1 GewO

eines Zeugnisses zu treffen[145]. Zwar ist es nicht zu verhindern, dass eine Beurteilung bzw. Bewertung, da diese durch Menschen vorgenommen wird, in diesem Sinne subjektiv ist. So muss sie aber nichtsdestotrotz auf objektiver Grundlage vorgenommen werden, obschon hierbei auch Voreingenommenheit und Vorurteile eine wahrheitsgemäße Beurteilung in einem qualifizierten Arbeitszeugnis verhindern können[146]. Ferner ist es mit dem Grundsatz der Wahrheitspflicht auch nicht vereinbar, insoweit einfach irgendwelche Behauptungen, Annahmen oder gar Verdächtigungen angeführt würden[147].

cc) Vollständigkeit/Keine Auslassungen

Da das Arbeitszeugnis zum einen dem Dienstverpflichteten bzw. Arbeitnehmer als Grundlage für eine neue Bewerbung dienen soll und andererseits Dritte wie einen Personalchef, welcher unter Umständen erwägt, den Zeugnisinhaber einzustellen, zu unterrichten, muss es daher alle wesentlichen Tatsachen sowie Bewertungen zum Inhalt haben, die für eine Gesamtbeurteilung des Zeugnisinhabers von Belang und weiterfort für den potentiellen Personalchef von Interesse sind. Entsprechend diesem Zwecke besteht für das qualifizierte Zeugnis das Vollständigkeitsgebot[148]. Folglich darf durch das Zeugnis nicht mittels Anwendung von Auslassungen ggf. ein unzulängliches Bild für dessen Leser entstehen[149]. Gesetzwidrige Auslassungen sind beispielsweise in Fällen des sogenannten beredten Schweigens gegeben[150]. Diese liegen vor, wenn das Weglassen von bestimmten Prädikaten eine gewisse Aussagekraft für den Leser des Zeugnisses hat. Da aber jedes wenn auch fahrlässige oder vorsätzliche Weglassen, Aussparen oder Verschweigen von Tatsachen eine Wertung darstellt, muss eine Relativierung dieses Grundsatzes erfolgen[151]. Letztlich ist es wohl bei realistischer Sichtweise ohnehin kaum möglich, einen objektiv-dargelegten Ablauf eines ganzen Berufslebens zu erbringen. Demgegenüber wird Dienstberechtigten bzw. Arbeitgebern für das Verfassen eines

---

[145] BAG v. 15. 11. 2011 – 9 AZR 386/10 in NZA 2012, S.448; *Conze/Karb* (2012) Personalbuch, Rn.3223
[146] BAG Beschluss vom 9. September 2011- 3 AZB 35/11 in NZA 2012, S. 1244
[147] LAG Düsseldorf v. 3. 5. 2005 3 Sa 359/05 in BB 2005, S.2308; Vgl. *Stück* (2006) in MDR 2006, S. 791, 792.
[148] BAG (3. Senat), Urteil vom 12.08.1976 - 3 AZR 720/75 in DB 1976, S.2211
[149] BAG, Urteil vom 20. 2. 2001 - 9 AZR 44/00 in NZA 2001, S.843; - als Auslassung käme nach ArbG Darmstadt v. 6. 4. 1967, 2 Ca 1/67 in DB 1967, S.734 eine nicht erfolgreich bestandene Gesellenprüfung in Betracht; so i.E. auch in der Literatur siehe hierzu: *Linck* (2011) in Schaub, § 147, Rn.20
[150] BAG (9. Senat), Urteil vom 12.08.2008 - 9 AZR 632/07 in NZA 2008, S.1349 = hiernach können Auslassungen auch Geheimzeichen sein
[151] *Henssler* (2012) in Säcker, § 630, Rn.34;

qualifizierten Arbeitszeugnisses ein breiter Gestaltungsspielraum zugestanden, und dies vornehmlich bei Satzstellung und Wortwahl[152]. Eine nicht unbeliebte Praxis, mittels derer sich mit nichtssagenden Wendungen beholfen wird, um ggf. das Wesentliche auszusparen, ist jedoch nicht vereinbar mit der Wahrheitspflicht[153]. Mithin genügte ein Übergehen, sei es auch, dass es im Interesse der jeweiligen zu beurteilenden Person wäre, nicht dem Zeugnisanspruch, insoweit ein qualifiziertes Arbeitszeugnis verlangt worden ist. Gleichwohl könnte der Dienstverpflichtete bzw. Arbeitnehmer in solchem Falle gegebenenfalls auf dem Rechtsweg nur insoweit Ergänzung begehren, sofern die von ihm angestrebte Wertung auch den Tatsachen entspricht[154]. Andererseits gilt die Bewertungsvorgabe in einem qualifizierten Zeugnis nur mit dem Verhalten und der Leistung zusammen[155].

dd) Keine Anwendung von Codes

Um den vorher beschriebenen Grundsätzen wie der Wahrheitspflicht zu genügen bzw. diese einhalten zu können, ist es den Ausstellern qualifizierter Zeugnisse untersagt, bestimmte Codes wie feststehende Ausdrücke die eine bezüglich ihres Wortlauts nicht eindeutig ersichtliche Bedeutung haben, sowie beispielsweise bestimmte Zeichen wie die Benutzung eines speziellen Stempels oder Papiers, Markierungen oder Unterstreichungen, gewisse Satzstellungen oder eine besondere Wortwahl zu verwenden[156]. Gemäß § 109 I S. 2 GewO gilt sogar explizit ein Verbot für das Versehen eines Zeugnisses mit Merkmalen zur Kennzeichnung des jeweiligen Arbeitnehmers, ohne dass Entsprechendes aus dem Wortlaut des Zeugnisses erkennbar wäre[157].
Weiterhin sind auch Mehrdeutigkeiten zu vermeiden[158]. Ferner ist auch ein in einem Zeugnis festgehaltener Zusatz – der bisherige Arbeitgeber stehe neuen Arbeitgebern auf Anfrage zur Verfügung – als eine codierte Andeutung zu verstehen und daher unzuläs-

---

[152] Siehe hierzu LAG Düsseldorf v. 2. 7. 1976 9 Sa 727/76 in DB 1976, S.2310
[153] *Hümmerich* (2008) Kommentar, § 109, Rn.17; *Göldner* (1991) ZfA 225, 232ff.
[154] - anderenfalls bliebe es beim unvollständigen Zeugnis, dazu: BAG (4. Senat) Urteil vom 29.01.1986 - 4 AZR 479/84 in NZA 1986, S.2209
[155] *Mansel* (2011) in Jauernig, § 630, Rn.3; *Linck* (2011) in Schaub, § 147, Rn.19
[156] BAG, Urteil. v. 15. 11. 2011 − 9 AZR 386/10 in NZA 2012, S.448; LAG Hamm v. 17.12.1998 − 4 Sa 630/98, 3. Leitsätze; siehe *Huesmann* (2008) S. 61 zu Punkt 3.2.4.4.
[157] *Wank* (2011) § 109 GewO, Rn.16; *Roth* (2012) in HGB, Rn.13
[158] BAG (5. Senat), Urteil vom 23.06.1960 - 5 AZR 560/58; LAG Hamm v. 27. 5. 1966 5 Sa 747/65, in DB S.1096;

sig, insbesondere, weil dieses Angebot nahelegt, dass die im Arbeitszeugnis dargelegte Beurteilung nicht der Wirklichkeit entspricht[159].

ee) Verschlüsselungstechniken

Mittels der sogenannten Verschlüsselungstechniken werden in der Praxis der Zeugnis-ausstellung Bewertungen mitunter ergänzt oder aber insbesondere auch entkräftet, indem nicht gute Leistungen höflich wohlwollend umschrieben werden[160]. Mittels deren Anwendung kann der schmale Grat zwischen Wohlwollen und Wahrheit überwunden werden[161], wobei im Ergebnis letztlich ein schlechtes Gesamturteil entstehen kann, obschon umgangssprachlich eigentlich ein Lob vorliegt[162].

- Reihenfolgentechnik

Bei der Zeugnisausstellung hat sich im Laufe der Zeit eine bestimmte Reihenfolge der in dem Schriftstück abzuhandelnden Punkte derart verfestigt, dass diese einzuhalten ist. Die Nichteinhaltung wirkt Zeugnis-abwertend[163].

- Ausweichtechnik

Bei der Ausweichtechnik ist es üblich, dass Selbstverständlichkeiten, Nebensächlichkei-ten oder gar Unwichtiges besonders hervorgehoben werden[164].

- Leerstellentechnik

Diese findet dann Anwendung wenn übliche Eigenschaften und Leistungen bestimmter Berufsgruppen nicht erwähnt werden[165].

- Positive Skalatechnik

Sofern bei der Formulierung eines qualifizierten Zeugnisses Zusätze wie beispielsweise, immer, fortwährend oder stets und weiter Superlative fehlen, so hat dies letztlich im Ergebnis keine positiven Auswirkungen auf das gesamte Urteil[166].

---

[159] - zur so genannten „Ruf-mich-an-Klausel" ArbG Herford, Urteil 01.04.2009 – 2 Ca 1502/08
[160] vgl. LAG Hamm, urteil vom 28.03.2000 – 4 Sa 648/99 in BB 2000, S. 2578
[161] *Hunold* (2001) in Die Rechtsprechung zum Zeugnis in NZA-RR., S.113, IV. 3. d.
[162] *Eckert* (2006) in Straub, K 854
[163] *Hunold* (2001) in Die Rechtsprechung zum Zeugnis in NZA-RR., S.113, IV. 3. d.
[164] Siehe hierzu *Weuster* (1992) in BB 1992, S.58
[165] Siehe hierzu Fn.150; Siehe hierzu *Weuster* (1992) in BB 1992, S.58
[166] Siehe hierzu *Weuster* (1992) in BB 1992, S.58ff.

↓ Passivtechnik

Angewendete Passivformulierungen in einem Zeugnis, wie zum Beispiel „er/sie wurde damit beauftragt" oder aber „er/sie wurde versetzt", weisen entweder darauf hin, dass der jeweilige Mitarbeiter zu passiver Natur ist oder aber dass schlichtweg ein nicht kundiger Zeugnisaussteller am Werk war[167].

↓ Knappheitstechnik

Mittels dieser Technik werden beispielsweise qualifizierte Arbeiten die jemand bei seiner Beschäftigung ausgeführt hat, nicht so ausführlich beschrieben wie notwendig - was wiederum negative Folgerungen zum Ergebnis hat - sondern kurz gehalten, wie es im Vergleich bei einer einfachen Position ausreichend wäre[168].

↓ Ausführlichkeitstechnik

Liegt hingegen eine ausführlich beschriebene Tätigkeit vor, so ist es grundsätzlich nicht von Vorteil, wenn hingegen die Verhaltens- und Leistungsbeschreibung nur allgemein und kurz gehalten ist[169].

(1) Die Leistung als zu bewertender Teil[170]

Das Zeugnis, welches in Gestalt eines qualifizierten Arbeitszeugnisses   neben der Art und Dauer der Beschäftigung auch das Verhalten und die Leistung eines jeweiligen Anspruchstellers charakterisieren soll, muss sämtlich-relevante Tatsachen enthalten, die für die Beurteilung des Arbeitnehmers bzw. Dienstverpflichteten von Bedeutung und ferner für Dritte von maßgeblichem Interesse sind[171]. Dabei ist im Rahmen der Leistungsbeurteilung die Art und Weise darzulegen, mit welcher der Beschäftigte ihm übertragene Tätigkeiten erledigt hat[172]. Allerdings kommen hierbei nur die für den jeweiligen Beruf typischen Merkmale in Betracht[173]. Ferner sollte der jeweilige Mitarbeiter optimaler Weise zumindest so lange im etwaigen Unternehmen beschäftigt gewesen sein, dass über sein Verhalten und seine Leistung und dessen soziales Verhal-

---

[167] Vgl. hierzu *Knobbe/Leis/Umnuß* (2006) Arbeitszeugnisse Führungskräfte, S. 61
[168] Siehe hierzu *Weuster* (1992) in BB 1992, S.58ff.
[169] Vgl. hierzu *Knobbe/Leis/Umnuß* (2006) Arbeitszeugnisse Führungskräfte, S. 61
[170] Musterbeispiel zur Zeugnisstruktur (Auflösung) im Anhang S. 104
[171] BAG, Urteil vom 10. 5. 2005 - 9 AZR 261/04 in NZA 2005, S. 1237; *Hunold* (2001) in NZA-RR 2001, S.113; *Mühlhausen* (2006) in NZA-RR 2006, S. 337
[172] Siehe hierzu die Ausführungen in *Conze/Karb* (2011) in Personalbuch, Rn.3221
[173] BAG (9. Senat), Urteil vom 12.08.2008 - 9 AZR 632/07 in MDR 2009, S.36

ten in betrieblicher Hinsicht zuverlässige und fundierte Aussagen getroffen werden können[174]. Mithin ist der in einem qualifizierten Zeugnis zu bewertende Teil der Leistung dahingehend als die Verwendbarkeit des Arbeitnehmers in beruflicher Hinsicht zu verstehen. Von ihr werden dabei im Einzelnen in ständiger Rechtsprechung von den Landesarbeitsgerichten umfasst: [175]

- Arbeitsbereitschaft
- Arbeitsbefähigung
- Arbeitsweise
- Arbeitsvermögen
- Arbeitserwartung
- Arbeitsergebnis
- Führungsleistung bei Vorgesetzten[176]

Hinzu kommen in der Regel ergänzend die Eigeninitiative, die Selbstständigkeit, das Ausdrucks- und Urteilsvermögen, die Entscheidungsfähigkeit sowie das Verhandlungsgeschick[177]. Allerdings müssen die Einzelheiten immer berufsbezogen sein[178].

(a) Arbeitsbereitschaft

Die Arbeitsbereitschaft[179], die Arbeitszeit und daher zu vergüten ist, ist als grundsätzliche Verpflichtung des Beschäftigten anzusehen, sich an seinem Arbeitsplatz aufzuhalten, um weiterfort jederzeit die Arbeit aufnehmen zu können.

Das Bundesarbeitsgericht definierte die Arbeitsbereitschaft konkret als die Zeit wacher Aufmerksamkeit im Zustand der Entspannung[180], obschon umgangssprachlich die

---

[174] *Hunold* (2001) in NZA-RR 2001, S.113, (119); vgl. auch LAG Frankfurt / Main v. 10.03.1977 6 Sa 779/76 in ArSt. 1978. S. 29

[175] LAG Hamm, Urteil vom 22. 5. 2002 - 3 Sa 231/02 in NZA-RR 2003, S.71 zu Punkt 2.d); LAG Baden-Württemberg, Urteil vom 9. 2. 2012 – 11 Sa 43/11 in NZA-RR 2012, S. 238; LAG Hamm, Urteil vom 27. 2. 1997 - 4 Sa 1691/96 in NZA-RR 1998, S.151 unter Punkt 2.2.5.; Siehe auch *Linck* (2011) in Schaub § 147, Rn.22;

[176] Vgl. LAG Hamm, *Urteil* vom 27. 4. 2000 - 4 Sa 1018/99 in NZA 2002, S. 624; LAG Hamm, Urteil vom 27. 2. 1997 - 4 Sa 1691/96 in NZA-RR 1998, S. 151

[177] *Eckhoff* (2012) in MÜKO Anwaltshandbuch Arbeitsrecht, § 51, Rn.11; *Henssler* (2012) in Säcker zu § 630, Rn.35; *Müller-Glöge* (2013) zu § 109 GewO, Rn.40

[178] Siehe hierzu ebenfalls LAG Hamm, Urteil vom 11. 7. 1996 - 4 Sa 1285/95

[179] Begrifflich zu unterscheiden - vom Bereitschaftsdienst=AN muss sich nur in der Nähe seines Arbeitsplatzes aufhalten, - und der Rufbereitschaft=AN muss lediglich zur möglichen Aufnahme seiner Arbeit erreichbar sein

[180] BAG (7. Senat), Urteil vom 12.02.1986 - 7 AZR 358/84 in NJW 1987, S. 2957

Arbeitsbereitschaft in der Praxis begrifflich auch meint, wie motiviert ein Beschäftigter aus der Sicht eines anderen auf der jeweiligen Arbeitsstelle gesehen wird.

(b) Arbeitsbefähigung

Die Arbeitsbefähigung umschreibt bezüglich eines Beschäftigten das gesamte Fachwissen, gemeinhin auch als Können bezeichnet, über die ganze Arbeitsdauer. Dabei setzt es sich im Einzelnen aus praktischem wie theoretischem Know-how zusammen[181].

(c) Arbeitsweise

Der Begriff der Arbeitsweise steht für die Vorgaben und Regeln zur bestimmten Ausführung von Arbeitsabläufen mittels des Menschen hinsichtlich bestimmter Arbeitsverfahren. Dabei ist es nicht nur von Belang, dass der jeweilig Beschäftigte bestimmte Abläufe im Sinne des ihn beschäftigenden Unternehmens vornimmt, sondern auch gegebenenfalls durch eine differenzierte Betrachtungsweise respektive etwaiger damit verbundener Konsequenzen sich über das erforderliche Maß hinaus für das Unternehmen einsetzt[182].

(d) Arbeitsvermögen

Das Arbeitsvermögen beschreibt die Qualifikation des auf die Person bezogenen Arbeitsvermögens, welches sich im Einzelnen aus der Arbeitsausdauer und Belastbarkeit der jeweiligen Person hinsichtlich des relevanten Arbeitsmarkts zusammensetzt[183].

(e) Arbeitserwartung

Die Arbeitserwartung bzw. das Arbeitspotenzial wird dahin gehend begrifflich verstanden, dass darunter eine rasche Auffassungsgabe, Flexibilität, Belastbarkeit, gegebenenfalls Bereitschaft und Fähigkeit zum auch eigenverantwortlichen Arbeiten sowie sachbezogenes Durchsetzungsvermögen und konzeptionelles Denken verstanden wird[184].

---

[181] Vgl. *Hunold* (2001) in Rechtsprechung Zeugnisrecht in NZA-RR, S.113, zu V.3.
[182] Vgl. hierzu BAG, Urteil vom 16. 10. 2007 - 9 AZR 248/07 in NJW 2008, S.1175, explizit S. 1176 mittig
[183] *Knobbe/Leis/Umnuß* (2011) in Arbeitszeugnisse, S.50; vgl. hierzu auch das Urteil des LSG Bayern vom 16.03.2005 - L 13 R 4194/02 unter Punkt III. 4. Absatz
[184] LAG Hamm, Urteil v. 11. 7. 1996 - 4 Sa 1285/95 *Henssler* (2012) in Säcker, § 630, Rn.35; Vgl. auch LAG Hamm, Urteil vom 14. 8. 2003 - 11 Sa 1743/02 in NZA-RR 2004, S.335; *Knobbe/Leis/Umnuß* (2011) S.50; *Knobbe* (2010) in Topberater, S.

(f) Arbeitsergebnis

Unter dem Begriff Arbeitsergebnis oder auch Arbeitserfolg bzw. Arbeitsgüte wird hinsichtlich der damit verbundenen Aspekte der Effizienz, Ökonomie sowie des Arbeitstempos, der Einsatz eines Beschäftigten in qualitativer wie quantitativer Hinsicht definiert[185].

(g) Führungsleistung bei Vorgesetzten

Unter der Führungsleistung wird im qualitativen Bezug die Mitarbeiterführung des Vorgesetzten in einem Unternehmen verstanden. Dabei sind je nach Ebene der Führung unterschiedliche Merkmale von Bedeutung. So ist es bei der Beurteilung von Führungs-ergebnissen sehr wichtig, dass zu der jeweiligen Auswirkung der bestimmten Führung des Vorgesetzten auf das Betriebsklima bzw. die Mitarbeitermotivation als auch auf die Abteilungsergebnisse bzw. die Leistungen von Mitarbeitern Stellung bezogen wird. Dabei ließe beispielsweise die Senkung der Abwesenheitsquote und/oder der Fluktuati-onsrate die Schlussfolgerung zu, dass ein relativ gutes Betriebsklima im Unternehmen herrscht. Die Durchsetzungskraft als ein wesentliches Element der Beurteilung der Leistung einer Führungskraft ist stets zu bewerten, da ein nichtvorhandenes Durchset-zungsvermögen ein Zeichen von fehlender Führungsstärke ist[186].

(2) Das Verhalten (Führung) als zu bewertender Teil

Sofern ein qualifiziertes Zeugnis ausgestellt wird, ist neben der Leistung auch zwingend das Verhalten des jeweilig zu Beurteilenden zu bewerten[187]. Es nicht gestattet, nur zu einem der beiden Punkte Ausführungen zu treffen[188]. Begrifflich wird unter dem Verhalten hier das allgemeine Verhalten sowie die Fähigkeit verstanden, wie jemand mit anderen zusammenarbeitet, des Weiteren die Einhaltung der betrieblichen Ordnung, Verantwortungsbereitschaft sowie auch die Vertrauenswürdigkeit[189].

---

[185] *Knobbe/Leis/Umnuß* (2011) S.50; Merkblatt der IHK München und Oberbayern Das Arbeitszeugnis auf S.3 zu Punkt 5.
[186] LAG Hamm, Urteil vom 27. 4. 2000 - 4 Sa 1018/99 in NZA 2000, S.624, LAG Hamm, Urteil vom 27. 2. 1997 - 4 Sa 1691/96 in NZA-RR 1998, S.151
[187] LAG Rheinland-Pfalz, Urteil v. 14. 5. 2009 - 10 Sa 183/09 - NZA-RR 2010, S.69
[188] Vgl. hierzu LAG Hamm, Urteil vom 27. 2. 1997 - 4 Sa 1691/96 in NZA-RR 1998, S. 151; *Mansel* (2011) in Jauernig zu § 630, Rn.3
[189] LAG Hamm v. 12. 7. 94 4 Sa 192/94 in FHArbSozR 41 Nr. 3475

Konkret beschränkt sich die Bewertung des Verhaltens allerdings nur auf das dienstliche Verhalten[190]. Hiervon umfasst werden das gesamte Sozialverhalten, die etwaige Kompromiss- sowie Kooperationsbereitschaft, im Besonderen gegenüber Kollegen, Vorgesetzten und Geschäftspartnern. Aber auch das Verhalten gegenüber Kunden soll Berücksichtigung finden. Da mitunter aber auch das Führungsverhalten zu beurteilen ist, erfolgt in einem Zeugnis bezüglich wesentlicher Persönlichkeitsbezüge und Charaktereigenschaften eine zumeist zusammenfassende Darstellung des Arbeitnehmers[191].

Zu beachten gilt hierbei, dass Umstände, unabhängig davon, ob diese zum Vor- oder Nachteil des jeweiligen gereichen würden, unbeachtet bleiben, sofern diese für den Anspruchsteller des Zeugnisses nicht charakteristisch sind[192]. Dies gilt zwar wie schon erwähnt auch weiterfort für das außerdienstliche Verhalten. Jedoch nur dann, solange gegebenenfalls Straftaten nicht während der Arbeitszeit vorgenommen und bewiesen sind[193]. So bleibt eine Straftat im Zeugnis unerwähnt, sofern der § 53 BZRG[194] einschlägig ist. Ebenso unerwähnt sollen mangels Tatsachenqualität laufende Ermittlungsverfahren bleiben[195]. Ein Vertragsbruch ist wiederum im Hinblick auf eine objektiv richtige Bewertung des Arbeitnehmerverhaltens zu erwähnen[196]. Letztlich gilt es, die Beurteilung des Verhaltens genau und nachvollziehbar darzustellen[197].

(3) Der wohlwollende Maßstab

Wie bereits ausgeführt, muss das qualifizierte Zeugnis insgesamt von einem verständigen Wohlwollen getragen sein, um dem Arbeitnehmer das Fortkommen in der Arbeitswelt nicht zu erschweren[198]. Dies entspricht auch der gängigen höchstrichterlichen Rechtsprechung des BAG, wonach ein Zeugnis zwar dem Gebot der Authentizität entsprechen müsse, jedoch weiterfort durch das Gebot ergänzt werde, besagtes berufli-

---

[190] *Henssler* (2012) in Säcker zu § 630, Rn.38; *Conze/Karb* (2012) in Personalbuch, Rn.3220

[191] siehe unter Punkt 2.2.1. bei LAG Hamm, Urteil vom 27. 2. 1997 - 4 Sa 1691/96 in NZA-RR 1998, S. 151

[192] BAG, Urteil vom 21. 6. 2005 - 9 AZR 352/04 in NZA 2006, S. 104

[193] OLG Hamburg, Urteil v. 14.12.1955 in DB 1955, 172; *Henssler* (2012) in Säcker zu § 630, Rn.39; Vgl. BGH, Urteil vom 15. 5. 1979 - VI ZR 230/76 in NZA 1979, S. 1882

[194] BZRG=Bundeszentralregistergesetz

[195] LAG Düsseldorf Urteil v. 23.07.2003 Az. 12 Sa 232/03; BEACHTE: Es gilt jedoch etwas anderes, sofern gegen ein Heimerzieher ein Verfahren wegen sittlicher Verfehlung anhängig ist , - ebenso bei laufendem Verfahren wegen Mordversuch so das LAG Baden-Württemberg, 29.11.2007 - Az: 11 Sa 53/07

[196] *Henssler* (2012) in Säcker, § 630, Rn.40

[197] *Neumann* (2012) in Landmann/Rohmer, § 109 GewO, Rn.25; *Poeche/Reinicke* (2012) in Küttner unter Punkt 8. Qualifiziertes Zeugnis, Rn.27

[198] *Conze/Karb* (2011) in Personalbuch, Rn.3222; *Neumann* (2012) in Landmann/Rohmer, § 109 GewO, Rn.25

ches Fortkommen etwa nicht ungerechtfertigt zu behindern[199]. Demnach sollen bestimmtes Unwesentliches, einmalige Vorfälle, einmaliges Fehlverhalten und kleinere Auffälligkeiten in diesem Kontext letztlich keine Berücksichtigung finden. Dies folgt daraus, dass sich das Zeugnis auf die gesamte Beschäftigungszeit bezieht und es daher nur ausnahmsweise Negativvorfälle zum Anlass einer gesamt schlechten Bewertung nehmen kann[200]. Andererseits ist wiederum der Grundsatz der Zeugniswahrheit zu beachten[201]. Dieser erstreckt sich auf Bewertungen und Tatsachen, welche bezüglich der Gesamtbeurteilung von wesentlicher Bedeutung sind und an deren Kenntnis mit Sicherheit ein verständliches und berechtigtes Interesse seitens des etwaig zukünftigen Arbeitgebers besteht[202].

(4) Bewertung

Bei qualifizierten Zeugnissen wird eine Bewertung hinsichtlich bestimmter Aspekte von Verhalten und Leistung sowie gegebenenfalls der Führungsleistung[203] im Einzelnen vorgenommen und sodann in der abschließenden Gesamtbeurteilung zusammenfassend dargestellt. Hierbei hat sich in der Praxis sowohl für die Verhaltens- wie auch für die Leistungsbewertung ein System entwickelt[204], an welchem auch das BAG anknüpft[205]. Allerdings ist der jeweilige Arbeitgeber nicht verpflichtet, das System auch anzuwenden, denn die Bewertung von Verhalten und Leistung in einem qualifizierten Zeugnis wird gemeinhin mittels nicht vorgeschriebener Formulierungen, welche letztlich Schulnoten ausdrücken sollen, vorgenommen[206]. Vielmehr steht es ihm frei, Leistung und Verhalten auch mit ihm eigenen Formulierungen zu beurteilen. Wird das im Arbeitsleben übliche System jedoch angewendet, so werden Zeugnisse so gelesen, wie es letztlich der Üblichkeit entspricht[207]. So können anhand der in der Praxis verwende-

---

[199] BAG, Urteil vom 10. 5. 2005 - 9 AZR 261/04 in NZA, S.1237; BAG, Urteil vom 03-03-1993 - 5 AZR 182/92 in NZA 1993, S.697; BAG, Urteil vom 21. 6. 2005 - 9 AZR 352/04 in NZA 2006, S.104

[200] *Kortstock* (2012) in Nipperdey, zu Gliederungspunkt: Zeugnis

[201] BAG, Urteil vom 10. 5. 2005 - 9 AZR 261/04 in NJW 2005, S.3659, (3660)

[202] BAG, Urteil v. 29. 9. 1981 - 3 AZR 132/79; vgl. BAG in NZA 2008, S.1349

[203] LAG Hamm, Urteil vom 27. 4. 2000 - 4 Sa 1018/99 in NZA 2002, S. 624

[204] *Düwell/Dahl* (2011) NZA S.958; Vgl. hierzu *Hunold* (2001) in NZA-RR, S.113

[205] BAG, Urteil vom 14. 10. 2003 - 9 AZR 12/03 in NZA 2004, S.842

[206] *Kortstock* (2012) in Nipperdey Lexikon, Gliederungspunkt: Zeugnis;

[207] BAG, *Urteil* vom 14. 10. 2003 - 9 AZR 12/03 in NZA 2004, S.842

ten und nachfolgend aufgeführten Notenskala bzw. Zufriedenheitsskala[208] die Noten 1-4 hinsichtlich der Bedeutung ihres Wortgehalts im Arbeitszeugnis abgeleitet werden[209].

(a) Das gängige Notensystem zur Beurteilung der Leistung[210]

o Eine sehr gute Leistung wird zum Beispiel dann angenommen, sofern sich der Terminus = „stets zu unserer vollsten Zufriedenheit" im Arbeitszeugnis finden lässt[211].

o Eine gute Leistung dann, wenn der Terminus = „stets zu unserer vollen Zufriedenheit" im Zeugnis verwendet wird[212].

o Als befriedigend wird eine Leistung dann bewertet, wenn im Zeugnis = „stets zu unserer Zufriedenheit" angegeben wird[213].

o Ein ausreichende Leistung hingegen liegt vor, sofern der Terminus = „insgesamt zu unserer Zufriedenheit" Anwendung findet[214].

o Und nur ungenügend wäre beispielsweise die Bewertung einer Leistung dann, wenn sinngemäß Folgendes in einem Zeugnis formuliert wäre = „der Beschäftigte war bemüht, die ihm angetragenen Aufgaben zu unserer Zufriedenheit auszuführen"

oder ferner „der Beschäftigte hat die ihm angetragenen Aufgaben fleißig und interessiert erledigt"[215].

(b) Das gängige Notensystem zur Beurteilung des Verhaltens[216]

Bezüglich der Verhaltensbeurteilung wird üblicherweise ebenfalls eine Notenskala in der Praxis verwandt[217], wobei etwa zur tendenziösen Steigerung vorbildlichen Verhal-

---

[208] BAG, *Urteil* vom 14. 10. 2003 - 9 AZR 12/03 in NZA 2004, S.842 siehe III. 4.a.
[209] *Eckhoff* (2012) in Moll § 51, Rn.13; *Müller-Glöge* (2012) § 109 GewO, Rn.31
[210] LAG Düsseldorf, Urteil v. 11.06.2003 - 12 Sa 354/03; LAG Hamm, Urteil v. 22. 05. 2002, NZA-RR 2003, S.71; LAG Bremen, Urteil vom 09.11.2000, in NZA-RR 2001, S.287;
[211] *Düwell/Dahl* (2011) NZA S.958; *Löw* (2005) in NJW 2005, S.3605; BAG v. 12. 8. 1976 3 AZR 720/75 in DB 1976, S. 2211; Musterbeispiel im Anhang S. 120
[212] BAG (9. Senat), Urteil vom 14.10.2003 - 9 AZR 12/03 in NZA 2004, S. 842; LAG Bremen, Urteil vom 9. 11. 2000 - 4 Sa 101/00 in NZA-RR 2001, S. 287, Musterbeispiel im Anhang S. 121
[213] BAG (9. Senat), Urteil vom 14.10.2003 - 9 AZR 12/03 in NZA 2004, S. 842; BAG v. 12. 8. 1976 3 AZR 720/75 in DB 1976, S. 2211, Beispiel siehe im Anhang S. 122,123
[214] LAG Düsseldorf, Urteil vom 11.06.2003 - 12 Sa 354/03; BAG v. 17. 2. 1988 5 AZR 638/86 in DB 1988, S.1071; Vgl. hierzu im Anhang S. 124
[215] BAG (3. Senat), Urteil vom 24.03.1977 - 3 AZR 232/76 in VersR 1977, S. 1018; Siehe im Anhang S. 126 und zum mangelhaften Zeugnis im Anhang S. 125
[216] *Düwell/Dahl* (2011) NZA S.958; vgl. *Eckhoff* (2012) in Moll, § 51, Rn.13; vgl..ferner *Kuner* (2007) unter 10. Teil. Praxisteil zu Punkt E.

tens beispielsweise Wörter wie „durchweg", „immer" oder „stets" Anwendung finden. Im Ergebnis muss jedoch mit Blick auf die Gesamtbewertung angeführt werden, dass diese von der Beurteilung des Leistungsverhaltens abweichen kann[218].

- Eine sehr gutes Verhalten läge demnach vor, wenn das Verhalten im Zeugnis zu Kollegen, Vorgesetzten, Mitarbeitern und Kunden = „stets vorbildlich war"[219].

- Eine gute Note wäre hingegen gegeben, wenn sich der Terminus = „vorbildlich oder ggf. stets einwandfrei" finden ließe[220].

- Befriedigendes Verhalten wäre mit der wörtlichen Beurteilung = „einwandfrei" gegeben[221].

- Und ein nur unterdurchschnittliches Verhalten, welches gerade noch ausreichend wäre, läge vor, sofern die Bewertung des Verhaltens = „ohne Tadel" entspräche.[222]

(5) Beurteilungsspielraum bei Verhaltens-/Leistungsbeurteilung

Da wie oben festgestellt, das Zeugnis inhaltlich wahr sein und gleichzeitig von einem verständigen Wohlwollen getragen sein muss, im Bezug auf die den Arbeitnehmer betreffenden Formulierungen - sogenannte doppelte Säulen des Zeugnisanspruchs[223] -, so bilden diese Prinzipien den Rahmen, in dessen Grenzen der Aussteller eines qualifizierten Zeugnisses frei in der Formulierung des Inhalts des Arbeitszeugnisses ist[224]. Dabei entscheidet der Arbeitgeber allein darüber, ob bestimmte Leistungen betont oder aber vernachlässigt werden[225]. Maßstab hierbei ist ein wohlwollender und verständiger Arbeitgeber, der bei seinen Bewertungen nicht Verdächtigungen und Vermutungen, sondern Tatsachen zugrunde legt[226]. Allerdings gilt es im Sinne des § 109 II S.2 GewO, sämtliche berufsspezifischen Merkmale einzubeziehen. Hiernach ist es weiterfort nicht

[217] LAG Hamm Urteil vom 17.06.1999 – 4 Sa 309/98; vgl. *Eckhoff* (2012) in Moll, § 51, Rn.13;

[218] LAG Rheinland-Pfalz, Urteil v. 14. 5. 2009 - 10 Sa 183/09 in NZA 2010, S.452

[219] LAG Hamm Urteil v. 17.06.1999 – 4 Sa 309/98; *Düwell/Dahl* (2011) NZA S.958; Siehe im Anhang S. 120

[220] *Eckhoff* (2012) in Moll § 51; Rn.16; *Düwell/Dahl* (2011) NZA S.958; Anhang S. 121, 122

[221] *Düwell/Dahl* (2011) NZA S.958; *Eckhoff* (2012) in Moll § 51; Rn.16; Anhang S. 122, 123

[222] *Henssler* (2012) in Säcker, § 630, Rn.101; *Düwell/Dahl* (2011) NZA S.958; Siehe hierzu im Anhang S. 124, 125, 126, S. 127

[223] BAG, Urteil vom 03.03.1993 - 5 AZR 182/92 in NZA 1993, S.697; BAG, Urteil vom 10.05.2005 – 9 AZR 26/04 in MDR 2006, S.213

[224] LAG Düsseldorf, Urteil vom 11.06.2003 - 12 Sa 354/03 in BeckRS 2007, 47566

[225] *Düwell/Dahl* (2011) NZA S.958 zu Punkt: V.; *Poesche/Reinecke* (2012) in Küttner Personalbuch, Punkt 8., Rn.28

[226] vgl. BAG, Urteil vom 12.08.2008 - 9 AZR 632/07 in NZA 2008, S. 1349; *Poesche/Reinecke* (2012) in Küttner Personalbuch, Punkt 8., Rn.28

zulässig, in einem Zeugnis unklare Formulierungen oder aber geheime Merkmale einzufügen. Insbesondere sollen in einem Zeugnis an den Stellen keine Auslassungen enthalten sein, an denen der jeweilige Leser beispielsweise gerade mit einer positiven Aussage rechnet. Sofern in bestimmten Berufskreisen bestimmte Merkmale üblich sind, hat der Arbeitnehmer Anspruch auf ausdrückliche Bescheinigung dieser[227]. Insoweit nämlich bestimmte Merkmale besonders gefragt sind und aus diesem Grund ein allgemeiner Brauch besteht, diese auch in einem Zeugnis anzuführen, könnte die Nichterwähnung einen versteckten Hinweis in Form eines verbotenen beredten Schweigens darstellen[228]. Diesbezüglich wäre beispielsweise eine derartige nicht zulässige Auslassung darin zu sehen, wenn einem Kassierer nicht die Ehrlichkeit bescheinigt würde[229]. Dies würde unter anderem ebenfalls für Ladenverkäufer oder Hotelpersonal und Haushaltshilfen gelten[230]. Bei den Führungskräften wären gebräuchliche Merkmale die Führungsleistung hinsichtlich deren Auswirkung auf die Mitarbeitermotivation sowie auch die Durchsetzungskraft der jeweiligen Führungskraft[231]. Verlangt hingegen ein Arbeitnehmer, dass Leistungsbewertungen in das jeweilige Zeugnis aufgenommen werden, die für die jeweilige Berufsgruppe nicht allgemein gebräuchlich sind, so bedarf es im konkreten Fall einer Begründung dahin gehend, warum Bestimmtes aufgenommen werden soll. Beispielsweise hätte ein Kolonnenführer ohne explizite Begründung keinen Anspruch darauf, dass ihm Zuverlässigkeit bescheinigt wird, da es sich hierbei nicht um eine spezifische Eigenschaft dieses Berufes handelt[232]. Soll doch das qualifizierte Zeugnis insbesondere, wie schon ermittelt, nicht nur über den Verlauf des etwaigen Beschäftigungsverhältnisses ein objektives Bild vermitteln[233], sondern vielmehr ein Spiegelbild ausgeführter Tätigkeiten des Arbeitnehmers sein, wobei die jeweilige Beschreibung des Aufgabengebiets und die Beschäftigungsart oftmals ineinander übergehen[234]. Bei der Bewertung des Verhaltens gelten vergleichbare Grundsätze. So muss in einem qualifizierten Zeugnis eine Beurteilung des Verhaltens des zu Beurteilenden gegenüber jedweden Personengruppen erfolgen, die relevant sind.

---

[227] vgl. hierzu *Hoefs* (2013) Hoffmann-Becking Rawert, unter Punkt 22. Zeugnis
[228] BAG, Urteil vom 12. 8. 2008 - 9 AZR 632/07 in NZA 2008, S. 1349; zum Verbot siehe BAG, *Urteil* vom 20. 2. 2001 - 9 AZR 44/00 in NJW, S. 2995, (2996)
[229] BAG (2. Senat), Urteil vom 29.07.1971 - 2 AZR 250/70 in NJW 1971, S. 2325
[230] LAG Hamm, Urteil v. 29.07.2005 – 4 Ta 594/04
[231] LAG Hamm, Urteil vom 27. 4. 2000 - 4 Sa 1018/99 in NZA 2002, S. 624
[232] LAG Hamm, Urteil vom 20.06.2006 – 19 Sa 135/06 in BeckRS 2006, 44447
[233] BAG (9. Senat), Urteil vom 20.02.2001 - 9 AZR 44/00 in NZA 2001, S.843
[234] LAG Hamm, Urteil vom 27. 2. 1997 - 4 Sa 1691/96 in NZA-RR 1998, S.151

Würde eine Gruppe von Personen wie etwa Vorgesetzte nicht aufgeführt, so würde dies ebenfalls einen Fall des beredten Schweigens und damit eine Abwertung des jeweiligen Beurteilten bedeuten[235]. Eine bestimmte Abfolge in der Aufzählung relevanter Personengruppen soll allerdings keine rechtlich bedeutsame Relevanz haben[236]. Da dies jedoch in der Praxis anders gesehen wird, sollte hierbei folgende Reihenfolge eingehalten werden[237], um Missdeutungen zu vermeiden: Vorgesetzte, Kollegen, Mitarbeiter und zuletzt außerbetriebliche Personengruppen. Um aber wegen diesbezüglich scheinbaren Kleinigkeiten etwaigen Rechtsstreitigkeiten aus dem Wege zu gehen, werden hinsichtlich des Beurteilungsspielraums in der Praxis tendenziell zu wohlwollende Zeugnisse ausgestellt, sodass es mittlerweile gang und gäbe geworden ist, „zu wohlwollende" Zeugnisse auszustellen[238]. Und dies spätestens dann, wenn der Inhalt des Zeugnisses Gegenstand einer Aufhebungsvereinbarung oder aber eines Beendigungsvergleichs war. Zwar steht dem jeweiligen Mitarbeiter auch vor Gericht nicht die Möglichkeit zu, Worte und Begriffe des Arbeitgebers durch eigene mit gleichem Sinngehalt zu ersetzen, da er insoweit dem Arbeitgeber die Wortwahl nicht vorschreiben kann[239]. Jedoch wird dies insoweit eingeschränkt, als der Arbeitgeber bei der Ausstellung eines Zeugnisses sich der in der Praxis überwiegend verwendeten Zeugnissprache zum einen bedienen sollte und ferner beim Beurteilen des Arbeitnehmers den bezüglich der Verkehrssitte üblichen Maßstab anlegt[240]. Wird doch gerade hierbei dem Arbeitgeber bei der Zeugnisabfassung insbesondere hinsichtlich der Formulierung von Werturteilen der Grundsatz eines weitgehenden Beurteilungsspielraums zugestanden[241], soweit letztlich das Zeugnis allgemein verständlich ist und nicht Falsches enthält[242]. Dennoch wird im Ergebnis der Arbeitgeber bei der Abfassung eines qualifizierten Zeugnisses, um den Anforderungen bezüglich einer der Wahrheit entsprechenden und auch wohlwollenden Bewertung gerecht werden zu können, in der Regel nicht von den

---

[235] *Eckhoff* (2012) in Moll Münchener Anwaltsbuch, Rn.17

[236] LAG Köln, Urteil vom 24.09.2007 – 14 Sa 539/07 in BeckRS 2008, 51324

[237] *Eckhoff* (2012) in Moll Münchener Anwaltsbuch, Rn.17

[238] hierzu *Hoefs* (2013) Hoffmann-Becking Rawert, unter Punkt 22. Zeugnis, Rn.6

[239] ArbG Solingen v. 17. 5. 1990 1 Ca 311/90 in FHArbSozR 37 Nr. 2917

[240] *Hunold* (2001) in NZA-RR 2001, 113

[241] BAG, Urteil vom 29.09.1981, 3 AZR 132/79; BAG, Urt. v. 15. 11. 2011 – 9 AZR 386/10 in NZA 2012, S.448 unter: Aus den Gründen: 4. Absatz;

[242] BAG, Urt. v. 15. 11. 2011 – 9 AZR 386/10 in NZA 2012, S.448

im Arbeitsleben gängigen Ausdrucksweisen in Zeugnissen wie auch qualifizierten Arbeitszeugnissen abweichen können[243].

(6) Ausdrucksweisen in qualifizierten Zeugnissen in der Praxis

Da das Arbeitszeugnis in Form eines qualifizierten Zeugnisses respektive der BAG-Rechtsprechung wohlwollend und damit berufsfördernd für den jeweiligen Arbeitnehmer sein muss, sind folglich Formulierungen, die diesem Gebot zuwiderlaufen würden, vom Grundsatz her verboten[244]. Daher hat sich daraus in der Praxis eine Art der Sprache bei der Formulierung von Zeugnissen entwickelt, bei der etwaige Formulierungen oder aber auch vorgenommene Auslassungen dahin gehend ihren Aussagegehalt haben, ohne dass diese verbotene Merkmale oder Formulierungen darstellen[245].

Beispiele [246]

Zuverlässig, aber nicht immer geeignet:	... ist ein(e) gewissenhafte(r) Mitarbeiter(in).
Mangelnde Leistungsfähigkeit:	... war immer mit Interesse bei der Sache.
Mangelnde Leistungsbereitschaft:	.... erledigte alle Arbeiten mit großem Fleiß und Interesse.... zeigte für ihre/seine Arbeit Verständnis.
Mangelnde Initiative:	... hat alle Arbeiten ordnungsgemäß erledigt.
Mangelndes Durchsetzungsvermögen:	... ist mit seinen Vorgesetzten gut zurechtgekommen.
Mangelndes Kooperationsverhalten:	... war sehr tüchtig und wusste sich gut zu verkaufen.
Berufliche Unfähigkeit:	... bemühte sich, den Anforderungen gerecht zu werden.
Völliges Versagen:	... war wegen ihrer/seiner Pünktlichkeit stets ein gutes Vorbild.

Letztlich wird hieraus aber erkennbar, dass diese eigenständige Zeugnissprache im Ergebnis aber nur für Sachkundige oder aber Arbeitsrechtler verständlich bleibt[247].

(a) Kein Anspruch auf bestimmte Formulierungen

Da der Arbeitgeber bei der Abfassung eines qualifizierten Zeugnisses, wie schon ermittelt, bei der Wahl seiner Worte frei ist, ergibt sich daraus, dass der Arbeitnehmer, sofern es nicht einen wie oben festgestellten berufsspezifischen Brauch gibt, keinen

---

[243] LAG Düsseldorf, Urteil vom 11.06.2003 - 12 Sa 354/03 in BeckRS 2007, 47566
[244] *Eckert* (2001) in Tendenzen im Arbeitsrecht in DStR 2001, S: 2211, 4.6;
[245] vgl. BAG v. 23. 6. 1960 2 AZR 164/59 in NJW 1960, S.2022; BAG v. 31. 10. 1972 1 AZR 11/72 in SAE 1974, S.90, siehe auch *Wank* (2011) Tettinger / Wank / Ennuschat zu § 109 GewO, Rn.16
[246] http://dots.tiddlyspace.com/recipes/dots_public/tiddlers/ArbeitsZeugnis; Quelle gesichtet: 02.02.2013
[247] so auch *Hoefs* (2013) in Hoffmann/Becking/Rawert zu Punkt 22. Zeugnis dort 6.

Anspruch auf einen bestimmten Wortlaut oder eine bestimmte Formulierung hat[248].

(b) Kein Anspruch auf Schlussformel (Dankensformel)

Nicht wenige Zeugnisse schließen am Ende mit einer sogenannten Schlussformel. Diese Formulierung kann beispielsweise Dank für die bis dato geleistete Tätigkeit, gegebenenfalls ein Bedauern über das Ausscheiden und/oder gute bis sehr gute Zukunftswünsche für den jeweiligen Beschäftigten bzw. Arbeitnehmer enthalten. Je nach Wortanteil ist diese Schlussformel in der Regel Anzeichen für tatsächliche Anerkennung des Arbeitnehmers und damit für diesen sehr positiv[249]. Jedoch führt die Tatsache der häufigen Anwendung solcher Schlussformulierungen nicht automatisch zu einem diesbezüglichen Rechtsanspruch des Beschäftigten bzw. Arbeitnehmers. Vielmehr steht es dem Arbeitgeber frei, ob er hier und da eine Schlussformulierung in Form einer Dankes- und Bedauernsformel verwenden will oder nicht[250].

(c) Anspruch auf nicht negative Gesamtbilddarstellung

Hinsichtlich des dem Aussteller eines qualifizierenden Arbeitszeugnis zustehenden Beurteilungsspielraums bleibt dem Arbeitnehmer ein Anspruch auf wahrheitsgemäße, aber wohlwollende Darstellung des Gesamtbildes bezüglich des gesamten Laufs des Arbeitsverhältnisses, wobei zu seinen Gunsten kurzfristige Leistungstiefs nicht zu berücksichtigen sind[251] und weiterhin eine Ausrichtung des Zeugnisses allein an der Endphase des Beschäftigungsverhältnisses unzulässig ist[252]. Letztlich darf der Arbeitnehmer ein Durchschnittsprädikat erwarten, soweit bei langjähriger Beschäftigung nicht häufig minderwertige Leistungsvorfälle vorgekommen sind. Allerdings hat die Bewertung bei einer längeren Beschäftigung fundierter zu erfolgen. Dabei gilt es zu beachten, dass, sofern es während des Arbeitsverhältnisses zu keinerlei Beanstandungen kam, damit aber kein Anspruch des Arbeitnehmers auf eine überdurchschnittliche Bewertung besteht[253].

---

[248] Formulierungsermessen LAG Köln Urteil v. 24.09.2007 – 14 Sa 539/07 unter II.2. BAG (2. Senat), Urteil vom 29.07.1971 - 2 AZR 250/70; weiter BAG, Urteil vom 16. 10. 2007 - 9 AZR 248/07 in NZA 2008, S.298
[249] Beispiel für Schlussformel – siehe im Anhang S. 121 unten
[250] BAG Urteil v. 20.02.2001 – 9 AZR 44/00 in BB 2001, Heft 38, S. 1957; LAG Baden-Württemberg v. 03.02.2011 – 21 Sa 74/11; - dagegen beachte jedoch bei guter Leistung und Führung das Urteil des LAG Düsseldorf, Urteil vom 3. 11. 2010 - 12 Sa 974/10 in NZA-RR 2011, S.123 – dagegen wiederum wenn auch bei guter Leistung das BAG Erfurt, vom 11.12.2012 - 9 AZR 227/11
[251] *Henssler* (2012) in Säcker, § 630 MÜKO, Rn.36
[252] *Henssler* (2012) in Säcker, § 630 MÜKO, Rn.36
[253] LAG Düsseldorf 26.02.1985 – 8 Sa 1873/84 in NZA 1985, S.503

Werden hingegen in einem qualifizierenden Arbeitszeugnis jegliche Einzelbeurteilungen mit „sehr gut" beurteilt und wurden darüber hinaus die Tätigkeiten des Jeweiligen ebenfalls mit einem „sehr erfolgreich" in den Vordergrund gerückt, so wäre eine abschließende Formulierung dahin gehend, er habe aus betrieblicher Sicht „zu unserer vollen Zufriedenheit" seine Aufgaben erledigt, was lediglich einem gut entspräche, nicht vereinbar mit den sehr guten Einzelbewertungen[254]. Letztlich ist festzustellen, dass unabhängig davon, wie beispielsweise die Praxis die Erwähnung der Pünktlichkeit in einem Arbeitszeugnis bewertet, es letztlich immer in Betracht gezogen werden muss, dass diese Hervorhebung einer Selbstverständlichkeit aber auch nur eine gutgemeinte Bewertung darstellen kann[255]. Allerdings ist wiederum zu berücksichtigen, dass das Zeugnis stilmäßig objektiv abzufassen ist[256]. Das bedeutet, dass hier auch der Verkehrssitte dahin gehend Rechnung zu tragen ist, dass bestimmte Formulierungen wie „sie hat sich bemüht" hinlänglich als Tadel verstanden werden und daher vermieden werden sollen[257]. Letztlich ist es zwar üblich, jedoch nicht erforderlich, dass am Ende eines jeden qualifizierten Zeugnisses, neben den schon im Zeugnis einzeln bewerteten Merkmalen, eine Gesamtbewertung der Leistung vorzunehmen ist[258].

(7) Darlegungs- und Beweislast (Prozess)

Hinsichtlich der Darlegungs- und Beweislast verhält es sich zunächst so, dass diese jenem obliegt, der eine ihm günstige Tatsache geltend macht[259]. Regelmäßig wird es daher bei durchschnittlich guten Zeugnissen dem Arbeitnehmer obliegen, sofern dieser zum Beispiel die notenverbessernde Formulierung „stets zur vollen Zufriedenheit", wünscht, was einem glatten gut entspräche, entsprechend Vorteilhaftes vorzubringen und auch zu beweisen[260].

Gleiches gilt, wenn der Arbeitgeber dem Arbeitnehmer nur eine gute Leistung bescheinigt. Es wäre wiederum am Arbeitnehmer, insoweit er meinen würde, dass ihm eine

---

[254] BAG 5. Senat Urteil vom 23.09.1992, Az: AZR 573/91; vgl. auch LAG Köln, Urteil vom 26.04.1996 - 11 (13) Sa 1231/95 in NZA-RR 1997, S. 84
[255] vgl. ArbG Bayreuth, Urteil vom 26.11.1991 - 1 Ca 669/91 in NZA 1992, S. 799
[256] ArbG Bayreuth, Urteil vom 26.11.1991 - 1 Ca 669/91 in NZA 1992, S. 799
[257] vgl. *Linck* (2011) zu § 147 Zeugnis und Auskunft, Rn.20
[258] LAG Düsseldorf v. 2. 7. 1976 9 Sa 727/76 in DB 1976, S. 2310; vgl. LAG Hamm v. 16. 3. 1989 12 (13) Sa 1149/88 in MDR 1989, S.937; *Henssler* (2012) in Säcker, § 630, Rn.37
[259] BAG, Urteil vom 14. 10. 2003 - 9 AZR 12/03 in NZA 2004, 842
[260] BAG vom 14. 10. 2003 , 9 AZR 12 in RDG 2004, S.7

sehr gute Bescheinigung für seine Leistungen oder sein Verhalten zustünde, dies zu beweisen[261].

Hinsichtlich der Darlegungs- und Beweislast für den Inhalt abgefasster Zeugnisse ist zunächst festzuhalten, dass bezüglich der Erfahrungen des Arbeitgebers mit verschiedensten Arbeitnehmern der ihm zugestandene Beurteilungsspielraum beim Formulieren von Beurteilungen in qualifizierten Zeugnissen gerichtlich nur beschränkt überprüft werden kann[262]. Folglich stünde der etwaige Arbeitnehmer bzw. Dienstverpflichtete vor der relativ schweren Aufgabe, mittels entsprechendem Sachvortrag nachzuweisen, dass die von ihm erbrachten und beispielsweise nicht besonders gut bewerteten Leistungen während des Arbeitsverhältnisses tatsächlich aber nicht so schlecht gewesen sind wie vom Arbeitgeber gegebenenfalls dargelegt. Hierbei könnten jedoch zwischenzeitliche Leistungsbeurteilungen oder Zwischenzeugnisse helfend herangezogen werden, da von einer Leistungs- sowie Verhaltensbeurteilung eines Zwischenzeugnisses nur inhaltlich insoweit abgewichen werden kann, als im Nachhinein erbrachte Leistungen oder an den Tag gelegtes Verhalten des Arbeitnehmers dies rechtfertigen würden[263]. Will ein Arbeitgeber aber eine schlechtere Note als „befriedigend" vergeben, so trägt dieser im Streitfall die Beweislast[264]. Letztlich ist weiterhin zu beachten, dass, wenn eine überdurchschnittliche Leistungsbeurteilung wie „stets zur unserer vollen Zufriedenheit" im qualifizierten Zeugnis gegeben ist, dies nicht automatisch auch zu einer überdurchschnittlichen Beurteilung des Verhaltens wie „stets einwandfrei" führt[265].

(8) Verhältnis von qualifiziertem zum einfachen Zeugnis

Sofern der Arbeitnehmer sein Wahlrecht dahin gehend ausübt, dass er gegebenenfalls ein einfaches oder aber qualifiziertes Zeugnis vom Arbeitgeber verlangt und er aufgrund seines Verlangens zunächst ein einfaches Zeugnis erhält, so soll es ihm dennoch im Nachhinein möglich sein, ein qualifiziertes Arbeitszeugnis gegen Rückgabe des

---

[261] vgl. BAG, Urteil vom 14. 10. 2003 - 9 AZR 12/03 in NZA 2004, S. 842

[262] BAG, Urteil vom 14. 10. 2003 - 9 AZR 12/03 in NZA 2004, S. 842

[263] BAG, Urteil vom 16. 10. 2007 - 9 AZR 248/07 in NZA 2008, S.298; Dagegen führt ein Aus- und Fortbildungszeugnis nicht zur Änderung der Darlegungs- und Beweislast, da mittels diesem ein abgeschlossener Lebenssachverhalt, nämlich das Aus- bzw. Fortbildungsverhältnis beurteilt wird. - siehe LAG Hamm Urteil v. 14.01.2011 – 7 Sa 1615/10 in BeckRS 2011, 71491

[264] *Kortstock* (2012) in Nipperdey Lexikon, Gliederungspunkt: Zeugnis; BAG vom 14. 10. 2003 , 9 AZR 12 in RDG 2004, S.7

[265] LAG Rheinland-Pfalz, Urteil v. 14. 5. 09 - 10 Sa 183/09 in NZA-RR 2010, S.69

einfachen Arbeitszeugnisses, Zug um Zug, zu fordern[266]. Hier wird eine nachwirkende Vertragspflicht anerkannt. Zu beachten ist jedoch, dass es letztlich auch darauf ankommt, dass die nachträgliche Ausstellung eines qualifizierten Zeugnisses nicht mit erheblichen Schwierigkeiten verbunden ist[267]. Etwas problematischer gestalten sich hingegen die Fälle, bei denen ein Arbeitnehmer bzw. Dienstverpflichteter zwar beispielsweise ein qualifiziertes Arbeitszeugnis erhalten hat, er doch sodann nachträglich beispielsweise wegen einer negativen Beurteilung viel lieber ein nur einfaches Zeugnis möchte. In der Literatur ist dies zum Teil strittig, wobei die demgegenüber verneinende Ansicht diese Möglichkeit mit der Argumentation ablehnt, dass es nicht angehen kann, den beispielsweise erfüllten Anspruch auf Grund einer ungünstig erscheinenden Beurteilung und derer sich wohl damit in der Nachschau nachteiligen Auswirkungen gerade deshalb zu erneuern[268]. Nach der allgemein überwiegenden Ansicht aber soll hier ein diesbezüglicher Anspruch bestehen, da der Anspruch auf Zeugniserteilung mit Erfüllung des weiterführenden Anspruchs als nicht erloschen angesehen wird[269] mit der Folge, dass hier sodann wie schon beim Austausch einfaches gegen qualifiziertes Zeugnis dieselbe Zug-um-Zug–Abwicklung vorzunehmen sein wird. Allerdings kann es aus Sicht des Arbeitgebers wiederum recht vorteilhaft sein, da dieser sich mit der nachträglichen Ausstellung eines einfachen Zeugnisses zum einen wegen der schon für das qualifizierte Zeugnis zusammengestellten Daten einer geringen Zusatzbelastung aussetzt und zum anderen sich somit dem etwaig-bestehenden Risiko der Zeugnisklage entziehen kann.

2. Formelle Anforderungen

Hinsichtlich eines Zeugnisses sind viele verschiedene Anforderungen bezüglich der Form zu beachten. So ist es zum Beispiel, dass ein Arbeitszeugnis keinen Schriftwechsel zwischen Arbeitgeber und Arbeitnehmer bzw. Dienstverpflichteten darstellt und

---

[266] *Wank* (2011) § 109 GewO, Rn.17; *Müller-Glöge* (2012) § 109 GewO, Rn.6; BAG (5. Senat), Urteil vom 27.02.1987 - 5 AZR 710/85 in NZA 1987, S. 628
[267] *Neumann* (2012) in Landmann/Rohmer, § 109 GewO, Rn.21; vgl. *Müller-Glöge* (2012) § 630, Rn.19; *Staudinger/Preis* (§ 630; Rn.54;
[268] *Liedtke in* NZA 1988, S. 270, 272; vgl. *Neumann* (2012) in Landmann/Rohmer § 109 GewO, Rn.22; *Müller-Glöge* (2013) § 109 GewO, Rn.6;
[269] Bejahend *Henssler* (2013) in Säcker, § 630, Rn.24; *Göldner* (1989) in Zeugnisrecht S.40; *Schleßmann* (2010) S.67; vgl. *Wank* (2011) in Gewerbeordnung, § 109 GewO, Rn.15

deshalb keine Bezugszeichen wie Akten- oder Geschäftzeichen ausgefüllt werden, weil solche Angaben in der Praxis nicht vorteilhaft für den Zeugnisinhaber interpretiert werden könnten[270]. In diesem Sinne ist ferner auch nicht die Anschrift des jeweiligen im Zeugnis beurteilten Arbeitnehmers im Briefkopf zu vermerken, da hieraus gegebenenfalls ein falscher Eindruck dahingehend vermittelt werden könnte, dass das Zeugnis dem jeweiligen aus dem Unternehmen Ausgeschiedenen erst nach außergerichtlichen oder gar gerichtlichen Divergenzen postalisch zugesendet wurde[271]. Wird für eine schriftliche Äußerung im Geschäftszweig des jeweiligen Unternehmens in der Regel ein Firmenbogen verwendet und benutzt der jeweilige Arbeitgeber auch solches Geschäftspapier, so wäre in diesem Fall ein Zeugnis lediglich dann ordnungsgemäß, sofern es eben auch auf diesem Firmenpapier auch geschrieben ist[272]. Das Zeugnis darf weder Radierungen, Verbesserungen, Ausrufungs- und Fragezeichen, Gänsefüßchen, Druckschatten oder Flecken enthalten[273]. Ferner ist es gestattet, Zeugnisse, die auch kopierfähig sein müssen, zu falten[274]. Letztlich ergibt sich aus der gesetzgeberischen Intention die Verpflichtung zur sorgfältigen Abfassung schriftlicher Zeugnisse[275].

a) Grundsätzlicher Inhalt (Grundelemente)

Zum grundsätzlichen Inhalt eines qualifizierten Zeugnisses[276] gehören die genaue Angabe der Firmenbezeichnung des den Arbeitnehmer beschäftigenden Unternehmens[277] sowie Name und Geburtsdatum[278] des Arbeitnehmers, seine Anschrift und dessen akademischer Grad[279] sowie die entsprechende Leistungs- und Verhaltensbeurteilung. Außerdem sind neben der Art und Dauer der Beschäftigung[280] in einem Zeugnis

---

[270] ArbG Heilbronn, 17.12.1998 – 1 Ca 476/98

[271] LAG Hamm, Urteil vom 27. 2. 1997 - 4 Sa 1691/96 in NZA-RR 1998, S.151; LAG Hamburg, Beschluss vom 07.09.1993 - 7 Ta 7/93 in NZA 1994, S. 890

[272] BAG in BB 93, S.1439; LAG Hamburg, Beschluss v. 07.09.93 - 7 Ta 7/93 in NZA 94, S. 890; LAG Hamm, Urt. v. 27. 2. 97 - 4 Sa 1691/96 - NZA-RR 98, S. 151

[273] LAG Schleswig-Holstein, Beschluss vom 19. 4. 2006 - 2 Ta 57/06 in NZA-RR 2006, S.540; *Wank* (2011) in Tettinger/Wank/Ennuschat zu § 109 GewO, Rn.10; *Poeche/Reinecke* (2013) in Küttner, Rn.17

[274] BAG, Urteil vom 21. 9. 1999 - 9 AZR 893/98 in NZA 2000, S.257; LAG Schleswig-Holstein, Beschluss vom 09.12.1997 - 5 Ta 97/96 in BB 1998, Heft 5, S.275;

[275] BT Drs. 14/8396 S. 25

[276] LAG Hamm, Urteil vom 28. 3. 2000 - 4 Sa 1578/99 in NJOZ 2001, S. 553

[277] BAG (5. Senat), Urteil vom 03.03.1993 - 5 AZR 182/92 in NZA 1993, S. 697 *Poeche/Reinecke* (2012) in Küttner, Rn.17; *Wank* (2009) in MÜKO § 105, Rn.11

[278] LAG Hessen, Beschluss vom 23.09.2008 – 12 Ta 250/08 in BeckRS 2008, 57217

[279] LAG Hamm 1 1.7.1996 - 4 Sa 1285/95; *Löw* (2005) in NJW 05, S.3605, III. 1.

[280] LAG Hamm, Urteil vom 27. 2. 1997 - 4 Sa 1691/96 in NZA-RR 1998, S. 151

immer der Ort und der Zeitpunkt hinsichtlich dessen Ausstellung anzugeben[281]. Zum jeweiligen Ausstellungsdatum eines Zeugnisses ist zu ergänzen, dass dieses in der Regel das Datum des letzten Tages des rechtlichen Bestands des jeweiligen Arbeits- bzw. Dienstverhältnisses ist. Ein gegebenenfalls nachträglich berichtigtes Zeugnis hat insoweit ebenfalls das Datum des Ursprungszeugnisses zu tragen, sofern die spätere Ausstellung nicht vom Arbeits- bzw. Dienstverpflichteten zu vertreten ist[282]. Denn Sinn und Zweck ist es, gerade zu verhindern, dass der Eindruck entsteht, dass das jeweilige Zeugnis erst nach längerem Hin und Her mit dem jeweiligen Arbeitgeber ausgestellt wurde, was wiederum das Zeugnis dahingehend entwerten würde, weil es mitunter sodann Misstrauen gegen dessen Inhalt wecken könnte[283].

b) Gliederung eines qualifizierten Zeugnisses

Bezüglich der Ausstellung eines qualifizierten Zeugnisses ist vom Arbeitgeber die mittlerweile standardisiert gebräuchliche Gliederung hinsichtlich zu verwendender nachfolgend dargestellter Grundelemente zu beachten[284], insbesondere, da die diesbezügliche Einhaltung im Geschäftsleben mithin erwartet wird[285].

- ❖ Überschrift als Arbeits-, Zwischen-, vorläufiges Zeugnis
- ❖ Eingangsformel mit Personalien, Dauer des Arbeitsverhältnisses
- ❖ Beschreibung Aufgaben, Position, Kompetenzen, Verantwortung
- ❖ Leistungsbeurteilung
- ❖ Ggf. Führungsleistung
- ❖ Verhaltensbeurteilung
- ❖ Ausstellungsgrund
- ❖ Schlussabsatz mit Dankes-/Bedauernsformel, Wünsche, Ort der Ausstellung, Unterschrift

---

[281] Hessisches LAG v. 2. 9. 1997 16 Ta 378/97 in MDR 1998, S.544; *Neumann* (2011) in Landmann/Rohmer § 109 GewO, Rn.13; *Wank* (2011) in Tettinger/ Wank/ Ennuschat, § 109 GewO, Rn.10

[282] BAG (5. Senat), Urteil vom 09.09.1992 - 5 AZR 509/91 NZA 1993, S. 698

[283] *Müller-Glöge* (2012) § 109 GewO, Rn.12; BAG (5. Senat), Urteil vom 09.09.1992 - 5 AZR 509/91 NZA 1993, S. 698

[284] IHK Trier, Qualifiziertes Zeugnis; LAG Hamm, Urteil vom 28. 3. 2000 - 4 Sa 1578/99 in NJOZ 2001, S. 553; *Hoefs* (2013) in Hoffmann-Becking Rawert zu Punkt 22. Zeugnis; LAG Hamm, Urteil vom 28. 3. 2000 - 4 Sa 1578/99 in NJOZ 2001, S. 553, Vgl. im Anhang S. 121

[285] vgl. BAG Urteil v. 21.09.1999, Az.: 9 AZR 893/98

c) Sprache

Das Zeugnis in Gestalt eines qualifizierten Zeugnisses ist in deutscher Sprache abzufassen[286], obschon angemerkt werden muss, dass die Sprache, in welcher ein Zeugnis abgefasst werden soll, nirgends verbindlich festgehalten ist[287]. Etwas anderes gilt, wenn der Arbeits- bzw. Dienstvertrag im Wesentlichen von einer Fremdsprache wie dem Englischen geprägt wurde. In diesem Fall könnte der jeweilig berechtigte Arbeitnehmer verlangen, dass ihm das Zeugnis auch in englischer Sprache ausgestellt wird[288]. Allgemein gilt hierbei für das Vorliegen einer maßgeblichen Prägung, dass die Fremdsprache zumindest die Hälfte der externen oder internen Kommunikationsanteile ausmacht[289].

d) Schriftform

Das qualifizierte Zeugnis ist grundsätzlich schriftlich zu erteilen[290], § 109 I S. 1 GewO, § 630 S. 1 BGB, wobei es jedoch nicht unbedingt als ein solches gekennzeichnet zu werden braucht[291]. Maßgebend ist die maschinenschriftliche Erstellung des Zeugnisses[292]. Hierbei ist die elektronische Form im Sinne der §§ 109 III GewO und 630 S. 3 BGB als auch nach § 16 I S.2 BBiG, § 126a BGB ausgeschlossen. Insoweit ist eine Übermittlung per Telefax, Telegramm oder aber auch E-Mail ebenfalls nicht ausreichend[293]. Dies gilt auch dann, wenn bei Letzterer eine elektronische Signatur im Sinne des SigG vorliegt[294].

---

[286] *Poeche/Reinecke* (2012) in Küttner, Rn.17; *Henssler* (2012) in Säcker, § 630, Rn.46
[287] *Kursawe* (2010) in Der Anspruch auf ein englischsprachiges Arbeitszeugnis in ArbRAktuell 2010, S.643
[288] *Poeche/Reinecke* (2012) in Küttner, Rn.17; *Henssler* (2012) in Säcker § 630, Rn.46; *Kursawe* (2010) in Der Anspruch auf ein englischsprachiges Arbeitszeugnis in ArbRAktuell 2010, S.64
[289] vgl. *Henssler* (2012) in Säcker zu § 630, Rn.46; Kursawe (2010) in Der Anspruch auf ein englischsprachiges Arbeitszeugnis in ArbRAktuell 2010, S.64
[290] Beachte § 125 BGB
[291] *Henssler* (2012) in Säcker zu § 630, Rn.46; *Schreiber* (2012) in Schulze § 630, Rn.2; *Müller-Glöge* (2013) zu § 109 GewO, Rn.10
[292] LAG Hamm, Urteil vom 27. 2. 1997 - 4 Sa 1691/96 in NZA-RR 1998, S.151
[293] LAG Hamm, Urteil vom 28. 3. 2000 - 4 Sa 1588/99 in NZA 2001, S. 576; *Löw* (2005) in Aktuelle Rechtsfragen zum Arbeitszeugnis in NJW 2005, S.3605; Beachte: *Gotthardt/Beck* (2002) in Wege durch den Irrgarten, NZA 2002, S. 876
[294] *Eckert* (2001) in DStR, unter Punkt: 2.3 Formvorschriften, S.2214

e) Abfassen in 3. Person

Ein qualifizierendes Zeugnis ist nach einer breit vertretenen Ansicht nicht in der persönlichen Anredeform, sondern vielmehr in der 3. Person abzufassen[295]. Handelte es sich beispielsweise um das Zeugnis einer Direktionsassistentin, ist sie mithin in der Überschrift des Zeugnisses auch als solche zu bezeichnen[296].

f) Unterschrift des Ausstellenden

Das qualifizierte Zeugnis ist weiterfort auch vom Arbeitgeber oder dessen befugtem Vertreter, der im Betrieb angestellt ist[297], wobei eine etwaige Vertretungsmacht erkennbar sein muss[298], mithin vom Ausstellenden eigenhändig im Sinne der Normen § 630 S. 1, 4 BGB i.V.m. § 109 I 1 GewO i.V.m. 6 II GewO gemäß § 126 I BGB zu unterzeichnen[299]. Hierdurch übernimmt der Ausstellende auch gleichzeitig für die Korrektheit des Zeugnisses die Verantwortung. Hatte gegebenenfalls ein Arbeitnehmer einen Entwurf zum ausgestellten Zeugnis in eigener Sache vorformuliert, so würde dies nicht zur Anfechtung gereichen, wenn ein neuer Arbeitgeber den jeweiligen Arbeitnehmer auf Grundlage dieses Zeugnisses sodann eingestellt hat[300]. Wird die Unterschrift unter einem qualifizierten Zeugnis mit bloßer Paraphe oder einem Bleistift vorgenommen, so ist dies insoweit nicht ausreichend[301], als der Arbeitnehmer dieses Zeugnis zurückweisen kann[302]. Ferner darf die Unterschrift auch nicht abgezogen bzw. faksimiliert sein[303]. Weiterhin ist eine sich durch bloße Auf- und Abwärtslinien darstellende überdimensionierte Unterschrift nicht ausreichend[304]. Überdies besteht keine einhellige Meinung in Literatur und Rechtsprechung darüber, ob es notwendig ist, den Namen des Unterzeich-

---

[295] LAG Düsseldorf vom 14.12.1994, in BB 95, S.2064; *Hunold* in NZA-RR 2001, S.113; LAG Düsseldorf, Urteil vom 23.05.1995 - 3 Sa 253/95 in NZA-RR 1996, S. 42; vgl. auch *Roth* (2012) in Baumbach/Hopt HGB § 109, Rn.9

[296] LAG Düsseldorf, Urteil vom 23.05.1995 - 3 Sa 253/95 in NZA-RR 1996, S. 42

[297] LAG Hamm v. 17. 6. 1999 4 Sa 2587/98 – durch Rechtsanwalt unzulässig

[298] LAG Düsseldorf Urteil vom 5. 3. 1969 3 Sa 531/68 in DB 1969, S.534; vgl. BAG, Urteil vom 21. 9. 1999 - 9 AZR 893/98 in NZA 2000, S. 257

[299] BAG, Urteil vom 26. 6. 2001 - 9 AZR 392/00 in NZA 2002, S. 34; LAG Frankfurt AuR 1998, S.205; LAG Hamm, Urteil vom 28. 3. 2000 - 4 Sa 1588/99 in NZA 2001, S. 576; *Löw* (2008) in NZA-RR 2008, S. 562

[300] LAG Köln ZInsO 2005, S.333; *Henssler* (2012) in Säcker zu § 630, Rn.47

[301] LAG Hamm, Urteil vom 28. 3. 2000 - 4 Sa 1588/99 in NZA 2001, S. 576

[302] *Linck* (2008) in Schaub/ § 146 Rdnr. 16.; *Löw* (2008) in NZA-RR, S. 562

[303] *Löw* (2008) in NZA-RR 2008, S. 562; *Henssler* (2012) in Säcker, § 630, Rn.47

[304] LAG Nürnberg, Beschluss vom 3. 8. 2005 - 4 Ta 153/05 in NZA-RR 2006, S.13

nenden maschinenschriftlich wiederholen zu müssen[305]. Ferner sind als Originalurkunden auch technisch nicht zu beanstandende Kopien anzusehen, sofern die jeweilige Kopie, mit der Originalunterschrift des Arbeitgebers versehen wurde[306]. Der Unterschriftenzusatz „Im Auftrag" ist bei Betriebsüblichkeit nicht zu beanstanden[307].

g) Aussteller

Bezüglich der Ausstellenden eines Zeugnisses in Persona, die gegebenenfalls eine Zeichnungsberechtigung praktizieren, muss sich nach BAG ergeben, dass die Beurteilung des Jeweiligen durch eine Person vorgenommen wurde, die dem zu Beurteilenden in der hierarchischen Struktur des jeweiligen Unternehmens vorgesetzt war, um den Anforderungen zu entsprechen, welchen es mithin genügen muss[308]. Dabei genügt es, dass die Person gegenüber dem Arbeitnehmer weisungsbefugt[309] oder schlichtweg ranghöher war[310]. Sofern daher der jeweilige Arbeitnehmer der Geschäftsleitung eines Unternehmens unterstellt gewesen war, so muss das Zeugnis zumindest von einem Geschäftsleitungsmitglied auszustellen sein[311], obschon es letztlich aber keinen Anspruch darauf gibt, den Geschäftsführer aus Sicht des Anspruchstellers zur Unterschrift zu verpflichten[312]. Müssen unter bestimmten Umständen, wie beispielsweise im öffentlichen Dienst, zwei Vertreter des jeweiligen Unternehmens das Zeugnis unterzeichnen, so ist es ausreichend wenn eine Person ranghöher oder weisungsbefugt und die andere Person hierarchisch gleichgestellt war.

Sinn und Zweck, dass letztlich auch bei einem Vertretungsverhältnis die jeweilige Funktion des Unterzeichnenden anzugeben sei, ist der, dass der Rang des Unterzeichners dahin gehend Aufschluss geben kann, als damit die Wertschätzung des jeweiligen

---

[305] - ablehnend *Müller-Glöge* (2013) zu § 109 GewO, Rn.10; - befürwortend LAG Düsseldorf, Urteil vom 23.05.1995 - 3 Sa 253/95 in NZA-RR 1996, S. 42; LAG Hamm, Urteil vom 28. 3. 2000 - 4 Sa 1588/99 in NZA 2001, S. 576

[306] BAG (9. Senat), Urteil vom 26.06.2001 - 9 AZR 392/00 in NZA 2002, S.34; *Henssler* (2012) in Säcker zu § 630, Rn.47; LAG Bremen v. 23. 6. 1989 4 Sa 320/88 in NZA 1989, S.848

[307] BAG, Urteil vom 4. 10. 2005 - 9 AZR 507/04 in NZA 2006, S. 436

[308] ArbG Hannover, Urteil vom 31. 7. 2003 - 6 Ca 140/03 in NZA-RR 2004, S. 127

[309] BAG, Urteil vom 26. 6. 2001 - 9 AZR 392/00 in NZA 2002, S.34; so auch bei Ärzten durch Chef- oder leitende Ärzte – dazu LAG Hamm v. 21. 12. 93 4 Sa 880/93 in BB 1995, S.154

[310] BAG, Urteil vom 4. 10. 2005 - 9 AZR 507/04 in NZA 2006, S. 436

[311] BAG, Urteil vom 21. 9. 1999 - 9 AZR 893/98 in NZA 2000, S.257

[312] ArbG Hannover, Urteil vom 31. 7. 2003 - 6 Ca 140/03 in NZA-RR 2004, S. 127

Arbeitnehmers zum Ausdruck kommt und weiterhin die Kompetenz vom Aussteller auf die Richtigkeit der im Zeugnis vorgenommenen Aussagen schließen lässt[313].

aa) Betriebsübergang/Leiharbeit/Bei Ableben des Arbeitgebers

Sofern ein Betriebsübergang im Sinne des § 613a BGB vorliegt, richtet sich der Zeugniserteilungsanspruch gegen den Erwerber[314]. Für einen Leiharbeitnehmer bleibt dessen Verleiher für den Anspruch auf Ausstellung eines qualifizierten Zeugnisses verpflichtet[315]. Im Falle des Ablebens des Arbeitgebers geht der Anspruch auf Erteilung eines Zeugnisses auf seine Erben über. Hiernach ist der Erbe verpflichtet mittels aller verfügbaren Erkenntnisquellen sich die für die Ausstellung notwendigen Erkenntnisse und maßgebenden Tatsachen zu verschaffen[316]. Ist dies jedoch nicht möglich entfällt der Zeugnisanspruch[317].

bb) Insolvenz

In der Insolvenz eines Unternehmens besteht die Verpflichtung für die Zeugniserteilung fort. Nur schuldet ab und während der Insolvenz eines Unternehmens in der Regel bei gleichzeitiger

Betriebsfortführung nicht mehr der bisherige Arbeitgeber die Ausstellung des jeweiligen zu beanspruchenden Arbeitszeugnisses, sondern der Insolvenzverwalter[318]. Kann sich der Insolvenzverwalter allerdings wie schon oben der Erbe nicht die erforderlichen Erkenntnisse und maßgebenden Tatsachen für die Zeugniserteilung beschaffen, so entfällt auch hier der Anspruch[319].

---

[313] BAG, Urteil vom 21. 9. 1999 - 9 AZR 893/98 in NZA 2000, S.257

[314] *Adam* (2005) in MDR, S.553; *Henssler* (2012) Säcker, § 630, Rn.49; *Mansel* (2011) in Jauernig zu § 630, Rn.2; *Müller-Glöge* (2013) zu § 109 GewO, zu III. Rn.3; *Jüchser* (2012) in NZA 2012, S. 244; Beachte: *Berkowsky* (2008) in NZI, S.224 zu Punkt III.

[315] *Koch* (2011) in Schaub, § 120, Rn.64b; *Henssler* (2012) in Säcker, § 630, Rn.49

[316] ArbG Münster, 3. Kammer, Urteil vom 10.04.1990, 3 Ca 2109/89

[317] *Adam* (2005), S. 553; *Henssler* (2012) in Säcker zu § 630, Rn.50; vgl. BAG (4. Senat), Urteil vom 29.01.1986 - 4 AZR 479/84 in NZA 1987, S.384

[318] BAG, Urteil vom 23. 6. 2004 - 10 AZR 495/03 in NJW 2005, S.460; *Stiller* (2005) in Der Zeugnisanspruch in der Insolvenz in NZA 2005, S.332 zu Punkt III. 2.; ggf. vor Insolvenzeröffnung auch Anspruch gegen Insolvenzverwalter möglich, siehe hierzu: *Linck* (2011) in Schaub § 147 zu 3. Aussteller des Zeugnisses, Rn.5; Beachte ferner: Insolvenz unterbricht nicht bereits anhängigen Rechtsstreit wg. Zeugnis, dazu: BAG Urteil vom 29.01.1986 - 4 AZR 479/84 in NZA 2004, S.1392

[319] *Schmidt* (1991) Zeugnisanspruch des Arbeitnehmers im Konkurs, DB 91, S. 1930

VII. Durchsetzung des Zeugnisanspruchs

1. Holschuld des Anspruchstellers

Wie für alle anderen Arbeitspapiere auch, so besteht auch eine Holschuld im Sinne des § 269 BGB für Zeugnisse[320]. Den Arbeitgeber wiederum trifft die Pflicht neben der Erstellung, das Zeugnis für die Abholung bereitzuhalten[321]. Ist die Abholung des Zeugnisses jedoch mit einem unverhältnismäßigen Aufwand verbunden, so hat der Arbeitgeber das Zeugnis zu übersenden[322].

2. ZBR - Zurückbehaltungsrecht

Ein etwaiges Zurückbehaltungsrecht gegenüber dem Anspruch auf Zeugniserteilung gemäß § 273 BGB wegen in Betracht kommender Ansprüche des Dienstberechtigten bzw. Arbeitgebers, selbst bei vorliegender Vertragsbrüchigkeit des Arbeitnehmers aus dem jeweiligen Beschäftigtenverhältnis besteht nicht, da dies dem Sinn und Zweck des Zeugnisses zuwiderlaufen und weiterhin das Fortkommen des Arbeitnehmers nicht unerheblich erschweren würde[323]. Ferner wäre das Zustehen eines Zurückbehaltungs-rechts auch nicht mit der dem Arbeitgeber obliegenden Fürsorgepflicht zu vereinbaren, welche mittels des Zeugnisanspruchs konkretisiert wird[324].

3. Rechtliche Durchsetzung des Zeugnisanspruchs

Sofern ein dem Arbeitgeber oder Dienstverpflichteten bereits erteiltes Zeugnis hinsicht-lich dessen Inhalt nicht den gesetzlichen Ansprüchen entspricht, bleibt der zur Ausstel-lung Verpflichtete dahingehend verpflichtet, ein entsprechend korrigiertes bzw. „neues" Zeugnis zu erteilen[325]. Kommt der zur Ausstellung Verpflichtete dem Anspruch auf Ausstellung eines Zeugnisses im letzteren Sinn oder aber von vornherein nicht nach[326]

---

[320] *Henssler* (2012) in Säcker § 630, Rn.52; *Müller-Glöge* (2013) in MÜKO § 109 GewO, Rn.47 ; BAG Urteil vom 08.03.1995 - 5 AZR 848/93 in NZA 1995, S. 671
[321] LAG Rheinland-Pfalz, Beschluss v. 15.03.11 – 10 Ta 45/11 BeckRS 2011, 71728
[322] BAG (5. Senat), Urteil vom 08.03.1995 - 5 AZR 848/93 in NJW 1995, S. 2373
[323] *Henssler* (2012) in Säcker, § 630, Rn.53; *Müller-Glöge* (2013) § 109 GewO, Rn.48
[324] *Eckhoff* (2012) in Moll § 51, Rn.22; *Henssler* (2012) in Säcker zu § 630, Rn.53;
[325] BAG (9. Senat), Urteil vom 21.06.2005 - 9 AZR 352/04 in NZA 2006, S.104
[326] Beachte: EuGH, Urteil vom 22. 9. 1998 - Rs. C-185/97 in EuZW 1999, S. 43

oder entspricht weiterhin gegebenenfalls das Zeugnis in materieller Hinsicht der Form nach nicht einem ordnungsgemäßen Zeugnis, so ist es dem Anspruchsteller des Zeugnisses möglich, den zur Ausstellung Verpflichteten auf Erfüllung (Berichtigung[327]) zu verklagen[328]. Bei der klageweisen Geltendmachung muss im Klageantrag sodann konkret angegeben werden, was genau in dem jeweiligen Zeugnis berichtigt werden soll[329], wobei sich die Beweislast nach den schon oben erläuterten Regeln richtet. Dem Kläger kann allerdings in diesem Rahmen die Selbstverfassung eines dem Arbeitgeber sodann vorzulegenden Zeugnisentwurfs zugestanden werden, wobei die Formulierungshoheit auf den Arbeitnehmer übergeht. Insoweit jedoch die vom Arbeitgeber gegebene Schlussnote streitig ist, ist es davon abhängig, ob der jeweilige Beurteilte gegebenenfalls unterdurchschnittlich oder gegebenenfalls durchschnittlich bewertet worden ist. Bei einer unterdurchschnittlichen Bewertung würde jedenfalls eine Rechtfertigung dem Arbeitgeber obliegen[330]. Ist es jedoch an dem, dass eine überdurchschnittliche Note seitens des Arbeitnehmers verlangt wird, so hat dieser die dafür erforderlichen Fakten darzulegen[331].

a) Erfüllung

Respektive der BAG-Rechtsprechung hat der Zeugnisaussteller entsprechend zu belegen, dass seinerseits der Anspruch in jeglicher Hinsicht erfüllt wurde[332]. Danach ist Erfüllung gemäß § 362 BGB dann gegeben, insoweit dem Zeugnisbeanspruchenden ein nicht mangelhaftes, also demnach ein dem formalen Reglement gereichendes Zeugnis von mittlerer Art und Güte übergeben wurde[333].

b) Konkrete Berichtigung

Da das qualifizierte Zeugnis eine wahrheitsgetreue, an sachlichen Richtlinien ausgerichtete, weitgehend kontrollierbare Bewertung des jeweiligen Charakterbildes eines

---

[327] - ein Berichtigungsanspruch ist gesetzesfremd, daher gilt für die Berichtigung eines Zeugnisses an sich auch der Erfüllungsanspruch – siehe dazu: BAG, Urteil vom 4. 10. 2005 - 9 AZR 507/04, 6. Leitsatz, in NZA 2006, S. 436; LAG Baden-Württemberg, Urteil v. 03.02.2011 in BeckRS 2011, 70793 unter Punkt: II. 2.b)

[328] LAG Baden-Württemberg, Urteil v. 03.02.2011 in BeckRS 2011, 70793 unter Punkt: II. 2.b); so auch *Henssler* (2012) in Säcker, § 630, Rn.54;

[329] *Burkhard-Pötter* (2013) Das Arbeitszeugnis in NJW-Spezial, 2013, S.50

[330] BAG (3. Senat), Urteil vom 24.03.1977 - 3 AZR 232/76 in VersR 1977, S. 1018

[331] BAG, Urteil vom 14. 10. 2003 - 9 AZR 12/03 in NZA 2004, S. 842

[332] BAG (5. Senat), Urteil vom 23.06.1960 - 5 AZR 560/58 in NJW 1960, S. 1973

[333] LAG Hamm, Urteil vom 22. 5. 2002 - 3 Sa 231/02 in NZA-RR 2003, S.71 (72)

Arbeitnehmers/Dienstverpflichteten beinhalten soll, ist dieses mittels des „Berichti-
gungsanspruchs[334]" zu berichtigen, § 630 S. 4 i. V. m. § 109 GewO i. V. m. § 242 BGB,
wenn das Zeugnis diesbezüglich bei bestimmten Punkten unvollständig oder unwahr ist.
Dasselbe gilt außerdem, wenn auch nur Formulierungen in einem Zeugnis enthalten
sind, die lediglich auf mangelhafte Leistungen schließen lassen[335]. Allerdings sind
kleinere flüchtige Unvollkommenheiten auch hinzunehmen[336].

c) Verschlechterungsverbot/Vollstreckung

Der zur Zeugnisausstellung Verpflichtete muss sich allerdings im Zuge einer etwaigen
Neuerstellung eines Zeugnisses hinsichtlich von Treu und Glauben im Sinne des § 242
BGB an seiner bis dahin vorgenommenen Bewertung hinsichtlich des schon erteilten
Zeugnisses festhalten lassen, sofern für eine etwaig-ungünstigere Beurteilung bezüglich
Leistung und Verhalten keine neuen Umstände vorliegen[337].
Insoweit diesbezüglich eine Zwangsvollstreckung notwendig würde, richtet sie sich
nach § 888 ZPO[338].

---

[334] siehe Fn.315; Beachte ferner keine Einklagbarkeit bei unbedeutenden Fehlern: hierzu AG Düsseldorf, Urteil v. 19.12.1984, 6 Ca 5682/84, in NZA 1985, S. 812
[335] LAG Hamm v. 16. 3. 1989 12 (13) Sa 1149/88 in MDR 1989, S. 937
[336] LAG Düsseldorf, Urteil vom 3. 11. 2010 - 12 Sa 974/10 in NZA-RR 2011, S.123: Musteranschreiben für den Berichtigungsanspruch S. 128, Checkliste S. 118, 104
[337] BAG Urteil v. 21.6.2005, Az.: 9 AZR 352/04
[338] *Schreiber* (2012) Schulze, § 630, Rn.5; *Henssler* (2012) in Säcker, § 630, Rn.58

VIII. Dauer des Zeugnisanspruchs/Bindung des Verpflichteten

1. Unabdingbarkeit des Zeugnisanspruchs/Verzicht

Aufgrund dessen, dass der Zeugnisanspruch des § 109 GewO für Arbeitnehmer sowie nach § 630 BGB für Dienstverpflichtete und ferner auch nach § 35 TVöD für Beschäftigte im öffentlichen Dienst zwingendes Recht und daher nicht abdingbar ist[339], kann - solange ein Arbeits- sowie Beschäftigungsverhältnis besteht -, nicht wirksam auf diesen verzichtet werden[340]. Ob dies auch für den Fall nach Beendigung des jeweiligen Arbeits- bzw. Beschäftigungsverhältnisses gilt, ist höchstrichterlich noch ungeklärt[341]. Die breite Ansicht in der Literatur nimmt jedoch einen möglichen in der Konsequenz wohl auch letztlich logischen Verzicht nach Beendigung der jeweiligen Beschäftigung an, da es dem Anspruchsberechtigten gesetzgeberisch frei steht von seinem ihm eingeräumten Recht auf Zeugniserteilung nach Entstehung Gebrauch zu machen[342]. Ein etwaig bestehender Verzichtswille muss jedoch gegebenenfalls eindeutig zum Ausdruck gebracht werden[343].

2. Ausschlussfrist

Auf diesen den Beschäftigten aus den jeweiligen Arbeits- bzw. Dienstverhältnissen zustehenden Zeugnisanspruch können sich aber auch tarifliche Ausschlussfristen auswirken[344]. So lässt sich zum Beispiel für im öffentlichen Dienst Tätige neben TVöD auch eine Regelung zur Ausschlussfrist für die Erteilung eines qualifizierten Zeugnisses im § 70 BAT finden. Ferner können auch einzelvertraglich Ausschlussfristen wirksam vereinbart werden[345].

---

[339] *Müller-Glöge* (2013) § 109 GewO, Rn.52; *Schreiber* (2012) in Schulze § 630, Rn.4; BAG (5. Senat), Urteil vom 16.09.1974 - 5 AZR 255/74 zu § 630 in DB 1975, S. 155; *Henssler* (2012) in Säcker, § 630, Rn.5, 58; *Conze/Karb* (2012) Rn.3230
[340] LAG Köln v. 17. 6. 2010 – 7 Ta 352/09 in BeckRS 2010, 71321
[341] LAG Köln v. 17. 6. 2010 – 7 Ta 352/09
[342] *Müller-Glöge* (2013) § 109 GewO, Rn.54; *Eckhoff* (2012) in Moll, § 51, Rn.32; *Henssler* (2012) in Säcker, § 630, Rn.59; *Staudinger/Preis* (2009) § 630, Rn.7
[343] *Schreiber* (2012) in Schulze, § 630, Rn.4
[344] BAG (5. Senat), Urteil vom 23.02.1983 - 5 AZR 515/80 in MDR 1983, S.961; BAG, Urteil vom 4. 10. 2005 - 9 AZR 507/04 in NZA 2006, S.436
[345] BAG, Urteil vom 28. 9. 2005 - 5 AZR 52/05 in NZA 2006, S. 149; BAG, Urteil vom 25. 5. 2005 - 5 AZR 572/04 in NZA 2005, S. 1111

3. Verjährung/Verwirkung

Der Zeugniserteilungsanspruch unterliegt der regelmäßigen Frist der Verjährung gemäß § 195 BGB[346]. Bevor jedoch gegebenenfalls die Verjährung eintritt, kann der Anspruch auf Erteilung eines Zeugnisses allerdings schon verwirkt sein. Verwirkt ist ein diesbezüglicher Anspruch dann, sofern er nicht in einer angemessenen Zeit ab Beendigung des Beschäftigungsverhältnisses angemeldet wird[347] und hierdurch weiterhin der Eindruck beim Arbeitgeber entsteht, dass vom jeweiligen Anspruchsberechtigten das Zeugnis kaum mehr verlangt wird. Notwendig dafür sind jedoch ein Umstands- sowie ein Zeitmoment, die in einer Wechselwirkung zueinander stehen und kumulativ vorliegen müssen[348]. Ein reiner Zeitablauf würde demnach für die Annahme der Verwirkung nicht ausreichen. Zunächst müsste es dem jeweiligen Arbeitgeber im Hinblick auf § 242 BGB und bei Beachtung aller Umstände unzumutbar sein, in einem sogenannten Fall des treuwidrigen Anspruchs der Zeugnisausstellung nachzukommen[349]. Das Zeitmoment könnte dabei mit Verstreichen von zehn Monaten schon als erfüllt angesehen werden[350]. Bei einer etwaigen Unrichtigkeit eines bereits erteilten Zeugnisses gilt es den etwaigen Missstand ebenfalls innerhalb einer angemessenen Zeit zu rügen[351]. Jedoch kann für das Berichtigungsbegehren hinsichtlich eines Zeugnisses ein Zeitraum von bis zu fünf Monaten bereits zu lang sein[352].

4. Widerruf

Sofern ein Arbeitgeber im Nachhinein erkennt, dass das Zeugnis nicht unwesentliche Fehleinschätzungen bzw. Unrichtigkeiten beinhaltet und er daher bei der Ausstellung des Zeugnisses im Irrtum war, ist es ihm seinerseits möglich, dass Zeugnis zu widerrufen[353]. Dies gilt auch dann, wenn ihm Tatsachen bekannt werden, welche eine abwei-

---

[346] *Müller-Glöge* (2013) § 109 GewO, Rn.53; *Eckhoff* (2012) in Moll, § 51, Rn.31
[347] vgl. hierzu BAG, Entscheidung vom 17.02.1988 – 5 AZR 638/86 in NZA 88, 427
[348] *Boudon* (2012) in Moll, § 22, Rn.201
[349] BAG (5. Senat), Urteil vom 17.02.1988 - 5 AZR 638/86 in DB 1988, S, 1071
[350] BAG (5. Senat), Urteil vom 17.02.1988 - 5 AZR 638/86 in DB 1988, S. 1071
[351] *Staudinger/Preis* (2009) § 630, Rn.66; *Müller-Glöge* (2013) § 109 GewO, Rn.55
[352] BAG (1. Senat), Urteil vom 17.10.1972 - 1 AZR 86/72 in DB 1973, S. 239; 11 Monate nach LAG Düsseldorf v. 11.11.1994 – 17 Sa 1158/94 in DB 1995, S.1135; 12 Monate grundsätzlich ausreichend nach LAG Köln, Urteil vom 8. 2. 2000 - 13 Sa 1050/99 NZA, 2001, S.430; LAG Hamm, Urteil vom 3. 7. 2002 - 3 Sa 248/02
[353] *Wank* (2011) in Tettinger/Wank/Ennuschat, § 109 GewO, Rn.18; *Eckhoff* (2012) in Moll, § 51, Rn.33;

chende Beurteilung dahingehend rechtfertigen würden, weil das bereits erteilte Zeugnis letztlich ohne Widerruf derartige Unrichtigkeiten beibehielte, die für einen anderen Arbeitgeber jedoch von maßgebender Bedeutung sein könnten[354]. Sinn und Zweck ist hierdurch die Vermeidung von etwaigen Schadenersatzansprüchen späterer Arbeitgeber[355]. Letztlich obliegt die Beweispflicht für den Irrtum dem Arbeitgeber[356]. Insoweit das Zeugnis jedoch aus Gefälligkeit falsch ausgestellt wurde, besteht nur dann ein Widerrufsrecht, soweit dessen Gebrauch gegen die guten Sitten verstieße[357]. Dies wäre dann gegeben, wenn bei einem in Frage kommenden neuen Arbeitgeber ein nicht den wirklichen Tatsachen entsprechender Eindruck im Hinblick auf die Lauterkeit des jeweiligen Bewerbers entstünde, wobei hieraus dem Bewerber gegebenenfalls die Gelegenheit eingeräumt würde, das Eigentum oder das Vermögen des neuen Arbeitgebers zu beeinträchtigen[358].

5. Bindung des Verpflichteten

Insoweit es nicht möglich erscheint, dass beispielsweise aus Gründen eines Betriebsübergangs sich der sodann zur Ausstellung eines qualifizierten Zeugnisses Verpflichtete wegen eines relativ kurzen Zeitraums kein Bild über den zu Beurteilenden machen konnte, so ist der sodann Verpflichtete an den Inhalt eines gegebenenfalls bestehenden Zwischenzeugnisses gebunden[359]. Diese Bindung kann in logischer Konsequenz auch daher hergeleitet werden, dass es dem früheren Arbeitgeber bezüglich seiner Wissenserklärungen zu Verhalten und Leistung über die jeweilige Person im etwaigen Zwischenzeugnis im Nachhinein nur gestattet wäre davon abzurücken, sofern nach Erteilung dessen rechtfertigende Tatsachen eintreffen würden[360]. Ein Arbeitgeber muss sich hiernach allerdings nicht am Wortlaut eines Zwischenzeugnisses festhalten lassen, soweit es nicht relativ kurz vor Ende des jeweiligen Arbeitsverhältnisses ausgegeben worden ist[361].

---

[354] *Müller-Glöge* (2013) § 109 GewO, Rn.56; vgl. *Henssler* (2012) in Säcker, § 630, Rn.65
[355] Siehe dazu: BGH, Urteil vom 15.05.1979 - VI ZR 230/76 in NJW, 1979, S. 1882
[356] *Linck* (2008) in Schaub § 146, Rn.36; *Henssler* (2012) in Säcker, § 630, Rn.65
[357] *Henssler* (2012) in Säcker, § 630, Rn.66; *Müller-Glöge* (2013) § 109 GewO, Rn.57
[358] LAG Nürnberg in ArbuR 2009, S.370
[359] BAG, Urteil vom 16. 10. 2007 - 9 AZR 248/07 in NZA 2008, S. 298
[360] vgl. LAG Hamm, Urteil vom 28. 8. 97 - 4 Sa 1926/96 in NZA-RR 1998, S. 490
[361] *Henssler* (2012) in Säcker, § 630, Rn.62; vgl. LAG Schleswig-Holstein, Urteil v. 23.06.2010 – 6 Sa 391/09; BAG, Urteil vom 16. 10. 2007 - 9 AZR 248/07 in NZA 2008, S. 298; *Höser* (2012) in NZA-RR 2012, S.281

IX. Schadensersatz (SE) - Zeugnis

1. SE: Dienstverpflichteter/Arbeitnehmer vs. Arbeitgeber

a) Anspruch aus §§ 280, 241 II BGB; § 286 BGB, § 288 IV BGB

Ein Anspruch auf Schadensersatz aus § 280 I i.V.m. § 241 II BGB kommt neben dem Erfüllungsanspruch bei einer schuldhaft verspäteten im Sinne des § 286 BGB, § 288 IV BGB, § 276 BGB oder schlicht gar keiner Zeugniserteilung[362] durch den zur Ausstellung verpflichteten Arbeitgeber in Betracht[363]. Der Arbeitgeber muss in solchen Fällen für den Minderverdienst des Arbeitnehmers geradestehen, welchen dieser gegebenenfalls deshalb erleidet, weil er bei Bewerbungsgesprächen kein entsprechendes Zeugnis vorweisen kann[364]. Zwar ist der Arbeitnehmer in der Beweispflicht. Jedoch aufgrund der Beweiserleichterung des § 252 S. 2 BGB i.V.m. § 287 ZPO ist es ausreichend, dass ein Interesse eines potentiellen Arbeitgebers bestand und weiterfort das verspätete oder gar fehlende Zeugnis angesprochen worden ist[365].

b) § 823 I BGB

Weiterhin käme bei einer schuldhaft verspäteten oder schlicht gar keiner Zeugniserteilung durch den zur Ausstellung verpflichteten Arbeitgeber, sofern dem Arbeitnehmer hierdurch ein Schaden entsteht, § 823 I wegen unzulässigen Eingriffs in das dem Arbeitnehmer zustehenden Persönlichkeitsrecht in Betracht[366].

2. SE: Neuer Arbeitgeber vs. alter Arbeitgeber

a) § 826 BGB

Ferner kann ein Schaden mithin auch durch eine zu gute Zeugnisbewertung entstehen, wenn der jeweilige Arbeitnehmer bzw. Dienstverpflichtete sodann den neuen Arbeitgeber in irgendeiner Weise schädigt. Der Anspruch aus § 826 BGB, der mangels vertragli-

---

[362] Musteranschreiben zur Erteilung einer Arbeitszeugnisses S. 127
[363] LAG Schleswig-Holstein AuA 10, S.553; *Schreiber* (2012) in Schulze, § 630, Rn.5; *Wank* (2011) in Tettinger/Wank/Ennuschat, § 109 GewO, Rn.20
[364] BAG vom 26.02.1976 – 3 AZR 215/75 in DB 1976, S.1239
[365] BAG (3. Senat), Urteil vom 12.08.1976 - 3 AZR 720/75 in BB 1976, S.1516
[366] LAG Berlin, Urteil vom 08.05.1989 - 9 Sa 21/89 in NZA 1989, S.965, I.1.a.; vgl. BGH vom 15.05.1979 - VI ZR 230/76 NJW 79, S.1882, Punkt: B. II. 3. b.

cher Grundlage zwischen neuem und altem Arbeitgeber in Betracht kommt, setzt hierbei voraus, dass wissentlich unwahre Angaben in dem Bewusstsein gemacht wurden, dass diese tatsächlich auch mögliche Schadensfolgen verursachen könnten[367]. Nur der Umstand, dass das Zeugnis gegebenenfalls eine nicht wahre Leistungsbeurteilung beinhaltet, soll jedoch für einen Anspruch nach § 826 BGB nicht ausreichen[368]. Vielmehr käme hiernach eine Haftung in Betracht, sofern einer Person in einer Vertrauensstellung ein Höchstmaß an Zuverlässigkeit bescheinigt würde, obschon diese Person einen nicht unerheblichen Geldbetrag entwendet hatte[369].

b) § 831 BGB

Dieser Anspruch käme bei einer unwahren bzw. unvollständigen Abfassung eines Zeugnisses durch einen Vertretungsberechtigten des jeweiligen Arbeitgebers in Betracht. Jedoch scheidet dieser wegen der Exkulpationsmöglichkeit regelmäßig aus.

c) Vertragsähnliche Grundsätze i. V. m. § 278 BGB (§ 254 BGB)

Um abgesehen von der Exkulpationsmöglichkeit von § 831 BGB und weiterhin Erfüllungsgehilfen im Sinne des § 278 BGB, wie beispielsweise Stellvertreter des jeweiligen Arbeitgebers, dennoch für eine etwaige durch sie nicht rechtskonform vorgenommene Ausstellung eines qualifizierten Zeugnisses mittels Zurechnung in die Pflicht nehmen zu können und aufgrund dessen, dass der Arbeitgeber bezüglich des jeweiligen Zeugnisinhalts eine sogenannte Mindestgewähr hinsichtlich dessen Korrektheit übernehmen soll[370], hat der BGH hiernach schon einen Schadenersatzanspruch auf Haftungsgrundsätze vertragsähnlicher Natur gestützt[371].

3. SE: Neuer Arbeitgeber vs. Arbeitnehmer

Insoweit jemand im Rahmen seiner Bewerbung ein manipuliertes bzw. gefälschtes Zeugnis verwendet und damit über seine Qualifikation derart täuscht, dass er auch eine

---

[367] BGH (6. Zivilsenat), Urteil vom 26.11.1963 - VI ZR 221/62 in NJW 64, S. 75
[368] LAG Nürnberg AuR 19, 83
[369] OLG München, Urteil vom 30.03.2000 - 1 U 6245/99
[370] Henssler (2012) in Säcker, § 630, Rn.6; *Poeche/Reinecke* (2012) in Küttner, Rn.43; Löw (2005) in NJW 2005, S. 3605; *Hunold* (2001) in NZA-RR, S.113, VII.;
[371] BGH, 6. Zivilsenat, Urteil vom 15.05.1979 - VI ZR 230/76 in MDR 1979, S. 924

Einstellung mittels diesem erreicht, ist er spätestens nach Bekanntwerden dieses rechtswidrigen Umstands zumindest zur Erstattung der während der Beschäftigung ausgekehrten Vergütung gemäß § 823 II i. V. m. § 249 BGB i. V. m. § 263 StGB verpflichtet[372]. Ferner kann der Arbeitgeber das Arbeitsverhältnis auch gemäß § 123 BGB anfechten[373].

---

[372] LAG Köln, Urteil vom 16. 6. 2000 - 11 Sa 1511/99 in NZA-RR 2000, S. 630;
[373] Siehe hierzu LAG Baden-Württemberg, Urteil v. 13.06.2006 5 Sa 25/06

E. Studienergebnisse

Respektive der zuvor erläuterten rechtlichen Möglichkeiten muss jedoch angefügt werden, dass für rechtliche Streitigkeiten auf Erfüllung eines Zeugnisanspruchs, auf Berichtigung eines erteilten Zeugnisses oder hinsichtlich der gegebenenfalls hieraus weiterfort erwachsenen Schadenersatzansprüche eine eher gleichbleibende bis abnehmende Tendenz in den letzten Jahren zu verzeichnen ist. So sind die in den Jahren 2003 – 2011 in den juristischen Datenbanken insgesamt 224 erfassten Entscheidungen bezüglich der vor den Gerichten für Arbeitssachen ausgetragenen Zeugnisstreitigkeiten verhältnismäßig wenig[374]. Zu diesem Ergebnis gelangte ebenfalls die sogenannte PMS-Studie[375], die dies bereits im Jahre 2010 unter Verwendung von Auswertungen des Deutschen Instituts für Wirtschaftsforschung feststellte, obwohl im Gegensatz zu den 70er- Jahren die heutigen Beschäftigtenverhältnisse zumeist schon nach unter vier Jahren enden und damit in der Folge bei häufigerem Wechsel des Arbeitsplatzes deutlich mehr Zeugnisse ausgestellt werden und daher weiterfort die Wahrscheinlichkeit für etwaige Zwistigkeiten wohl ansteigen müsste.

Ein Grund für diese verhältnismäßig geringe Anzahl dokumentierter wie veröffentlichter Gerichtsentscheidungen kann allerdings ein Indiz dafür sein, dass Zeugnisrechtsstreite von Personalern jeweiliger Unternehmen eher vermieden werden. Denn, sei es, dass bei einer Erstellung eines qualifizierten Zeugnisses in der Beurteilung auch die gewieftesten selbst nur unter Personalern verständlichen Redewendungen verwendet würden, um eine wie auch immer geartete Botschaft mitzuteilen, so gibt es letztlich auch entsprechend qualifizierte Kräfte die mit der Übersetzung des scheinbar oft gut gemeinten Wortlauts beauftragt werden können[376].

Vor diesem Hintergrund mag es dann auch nicht verwundern, dass bei einer Auswertung von Arbeitszeugnissen in Erlangen-Nürnberg durch den Lehrstuhl für Sozial- und Wirtschaftspsychologie der Friedrich-Alexander-Universität im Jahr 2011 festgestellt wurde, dass im Ergebnis zu einer Studie aus dem Jahre 1994[377] die Zahl der sehr guten Bewertungen mithin viermal höher ausfiel und die mit damals und bis vor einiger Zeit 5% - 9% ausmachenden unterdurchschnittlichen Bewertungen in der Praxis heute kaum noch vorkommen.[378]

---

[374] *Düwell/Dahl* (2011) in NZA 2011, S.958, IV.
[375] Siehe im Anhang S. 128
[376] Siehe im Anhang S. 115
[377] *Weuster* (1994), Personalauswahl und Personalbeurteilung mit Arbeitszeugnissen; Vgl. S. 119 im Anhang
[378] *Düwell/Dahl* (2011) in NZA 2011, S.958, IV.; Siehe auch im Anhang S. 133

F. Ausblick

I. Hinsichtlich der praktizierenden Zeugnisausstellung

Nach alledem drängt sich hier nun in logischer Konsequenz die Frage auf, ob und inwieweit Zeugnisse in Gestalt von qualifizierten Arbeitszeugnissen überhaupt noch ihrem Sinn und Zweck gerecht werden, wenn diese doch im Eigentlichen als ein fachgerechtes Beurteilungsinstrument dazu ihren Beitrag leisten sollen, dass Arbeitssuchende und potentielle Arbeitgeber, die im besten Fall einander entsprechen, zusammenfinden. Schließlich soll das qualifizierte Arbeitszeugnis wie festgestellt, einerseits die Personalauswahl von Unternehmen vereinfachen und andererseits das berufliche Weiterkommen von Arbeitnehmern erleichtern. Um letztlich jedoch beidem zu genügen, hat das Zeugnis zutreffende Angaben, welche über den jeweilig zu Beurteilenden bezüglich seiner Aufgaben, Leistungen und sozialen Kompetenzen gemacht werden, zu beinhalten. Doch genau an diesem Punkt, so scheint es, ist ein entsprechendes der Wahrheit verpflichtetes qualifiziertes Zeugnis welches jeweils mit den derzeitigen Vorgaben von Gesetz und Rechtsprechung in Einklang gebracht werden soll, nur schwer vereinbar.

1. Wohlwollen

Denn zum Wohlwollen wurde oben mithin unzweideutig festgestellt dass dieses bei der Abfassung von Zeugnissen immer zu berücksichtigen sei, obschon sich dann natürlich die Frage stellt, warum, wenn dieser Umstand allgemein bekannt ist, hier noch eine mittels der Rechtsprechung bevormundende Vorgabe stattfindet, da letztlich im Ergebnis, wenn gefordert, alle Zeugnisse schließlich wohlwollend wären bzw. sein müssen und letztlich alle Zeugnisse schon hierdurch immer eine Stück weit an Authentizität verlieren.

2. Wahrheit/Vollständigkeit

Zwar ist das Wohlwollen durch die Wahrheit begrenzt, jedoch gibt auch hier die Rechtsprechung richtungsweisende Vorgaben. Denn wie oben festgestellt, sollen beispielsweise einmalige Vergehen nicht unbedingt in einem qualifizierten Zeugnis aufzunehmen sein. Des Weiteren Abmahnungen, obwohl diese doch gerade das jeweilige Verhalten zu bestimmten Zeitpunkten oder Phasen der Beschäftigung dokumentieren[379]. Folglich wird hier der Grundsatz der wahrheitsentsprechenden Vollständigkeit dahin gehend aufgeweicht, dass im Ergebnis nur wesentliche Tatsachen in einem Zeugnis aufzunehmen sind. Und dies weiterfort dadurch, dass der Abfassende Tatsachen auslassen darf, sofern diese der Leser eines qualifizierten Zeugnisses nicht erwartet[380]. Fraglich hierbei ist, ob nicht jeder Personaler im Eigentlichen wissen möchte, wie viele Abmahnungen jemand erhalten hat und wenn ja wofür.

3. Freiheit des Wortes/Formulierungsfreiheit

Darüber hinaus wird dem Abfassenden eines qualifizierten Zeugnisses zwar das Recht eingeräumt, seine Worte frei zu wählen. Im Gegenzug jedoch analysiert die Rechtsprechung bei Zeugnisstreitigkeiten die Wortwahl des Abfassenden und interpretiert sie nach eigenem Ermessen und erklärt sie weiterfort gegebenenfalls im Ergebnis als nicht entsprechend. So geschehen in einem Zeugnisrechtsstreit, wo ein Physiker nach sechsjähriger Tätigkeit in einem Unternehmen das Gericht anrief, wobei dieses in den im Zeugnis formulierten Satz „Er führte die ihm übertragenen Aufgaben mit großem Fleiß und Interesse durch" hineininterpretierte, er habe nichts geleistet[381]. Dabei könnte es doch tatsächlich so gewesen sein, dass der Physiker die ihm aufgetragenen Aufgaben (nur) mit großem Fleiß und Interesse durchgeführt hat. Und war es an dem, so würde wie in diesem Fall aufgrund gerichtlicher Kontrolle die tatsächlich sodann aufgegebene Abänderung des Zeugnisses schon nicht mehr der Wahrheit entsprechen und letztlich im Rechtsverkehr täuschen.

4. Unwahre Zeugnisse/Wohlwollen/Folgen

Überdies kommt noch hinzu, dass der Aussteller eines Zeugnisses sich unter Umständen bei der Ausstellung eines nicht der Wahrheit entsprechenden Zeugnisses gegenüber dem neuen Arbeitgeber, der das Zeugnis gelesen und aufgrund dessen den Bewerber eingestellt hat, schadenersatzpflichtig machen kann, sofern diesem aufgrund dessen weiter-

---

[379] Siehe Fn.129
[380] Siehe hierzu LAG Hamm Urteil v. 16.03.1989, Az: 12 (13) Sa 1149/88
[381] Siehe hierzu BAG vom 24.03.1977, 3 AZR 232/76 in VersR 1977, S. 1018

fort ein Schaden entsteht[382]. Andererseits sollen Straftaten, die, wie oben dargestellt, nicht im Zusammenhang mit der übertragenden Tätigkeit stehen, nicht unbedingt in ein Zeugnis aufzunehmen sein, obschon diese je nach Tatbestand doch Rückschlüsse auf die charakterliche Eignung des potentiellen Bewerbers zulassen könnten. Weiterhin gilt dieser Grundsatz ebenfalls für laufende Ermittlungsverfahren. Dies scheint zwar auf den ersten Blick interessengerecht und der Unschuldsvermutung zu entsprechen. Allerdings wurde in einem Zeugnisstreit[383], wo der Beurteilte die Berichtigung seines ihm ausgestellten Zeugnisses verlangte, vom Gericht, obschon der Beurteilte einen ihm von seiner damaligen Firma ausgehändigten Geldbetrag rechtswidrig auf sein eigenes statt auf das Firmenkonto einzahlte, der Nichterwähnung dieses Vorfalls im Zeugnis zugestimmt, obgleich in diesem Fall, durch Tathergang schon eindeutig war, dass sich der Beurteilte wegen Unterschlagung strafbar gemacht hatte. Und gerade wenn, wie in diesem Fall nicht nur irgendein Verdacht im Raum steht oder jemand eine nicht belegbare Anschuldigung erhebt, sondern der Tatbeweis durch den Tathergang eindeutig gegeben ist, hätte hier eine Information im Zeugnis stattfinden müssen. Sicherlich, aus juristischer Sicht lief hier formal noch ein Ermittlungsverfahren. Und bis zum Beweis der Schuld gilt die Unschuldsvermutung. Jedoch war in diesem Fall offenkundig, das lediglich auf Zeit gespielt wurde und der Beurteilte letztlich mit Hilfe des Arbeitsgerichts ein nicht den Tatsachen entsprechendes Zeugnis ausgestellt wurde[384]. Mithin sollte ein Hinweis im Zeugnis, selbst wenn noch keine Verurteilung im Raum steht, auch dann wie nach BAG erlaubt sein[385], wenn der Täter die Tat schon zugegeben hat oder eben die Sachlage wie im dargestellten Fall derart klar ist oder es unverantwortlich gegenüber potentiellen Arbeitgebern wäre, den Vorfall, dass der Beurteilte erhebliche Firmengeldbeträge eben nicht aufs Firmen-, sondern auf sein Privatkonto einzahlte, ohne hierbei zu berücksichtigen, dass zuvor schon einmal durch ihn Firmengeld unterschlagen wurde, gerade nicht zu erwähnen. Denn es kann doch mit höchster Wahrscheinlichkeit davon ausgegangen werden, dass so eine Information von jedem Leser eines qualifizierten Zeugnisses bei einer potentiellen Einstellung eines Bewerbers erwartet wird.

---

[382] Siehe hierzu BGH, Urteil vom 22. 9. 1970 - VI ZR 193/69 in NJW 1970, S.2291
[383] Siehe hierzu ArbG Düsseldorf, Urteil vom 15. 12. 2003 - 7 Ca 9224/03 in NZA-RR 2004, S.294
[384] - gleiche aber diplomatischere Ansicht *Hunold* in NZA-RR 2001, S.113 Leitsätze
[385] Vgl. BAG v. 5. 8. 1976 3 AZR 491/75 in BB 1977, S.297

Zwischenfazit:

Hinsichtlich der zuvor erläuterten Gegebenheiten darf es daher in der Nachschau nicht verwundern, dass Arbeitgeber und die zur Ausstellung berechtigten Personen überwiegend nur noch gute bis sehr gute Zeugnisse ausstellen, da hierdurch der Gefahr einer Zeugnisstreitigkeit schon aus den jeweils oben benannten Punkten aus dem Weg gegangen wird und den Unternehmen im Fortgang insbesondere hohe Anwalts- und Gerichtskosten erspart bleiben.

II. Pro und Contra qualifiziertes Arbeitszeugnis

Der Sache nach erfüllt das qualifizierte Zeugnis zwar seine Aufgabe, den potentiellen neuen Arbeitgeber über den Bewerber einer zu besetzenden Stelle zu unterrichten. Allerdings scheint es nach den letztgenannten Einblicken in Rechtsprechung und Praxis dem eigentlichen Sinn und Zweck, welcher mit dessen Ausstellung verfolgt wurde, nicht mehr gerecht zu werden. Nicht zuletzt, weil auch qualifizierte Zeugnisse in Gestalt von Arbeitszeugnissen in vielen Unternehmen mittels EDV automatisch erstellt werden und ihnen hier durch ihre Unpersönlichkeit - nach Ansicht vieler Unternehmen - letztlich nur mäßige Aussagekraft zukommt[386]. Ferner wird in vielen Unternehmen der Vorgang der Ausstellung eines qualifizierenden Zeugnisses auch nur als ein leidiges Thema angesehen, da schon durch einfache Nachlässigkeiten Inkorrektheiten beim Zeugnis quasi vorprogrammiert sind. Und dies ist vornehmlich auch eine Folge der Unkenntnis vieler Personaler bzw. derjenigen, die Zeugnisse ausstellen, da nicht wenige die in der Praxis mithin gefestigten und daher fortwährend auch von Gerichten ange-wendeten Formulierungen nicht kennen und ihnen deshalb schlichtweg das Fachwissen fehlt. Überdies verbinden viele Unternehmen mit der Zeugnisausstellung und den damit oft verbundenen Klärungsstreitigkeiten insgesamt einen diesbezüglich zu hohen Verwaltungsaufwand. Und nicht zuletzt, weil hier heraus in vielen Arbeitszeugnissen bezüglich der Lobeshymnen weit übertrieben und damit vorsorglich einem Rechtsstreit aus dem Wege gegangen wird, macht dies die gewollte objektive Beurteilung letztlich für einen nicht kleinen Teil wertlos. Im Gegenzug ist jedoch die überwiegende Mehrheit der Unternehmen der Meinung, dass ohne Arbeitszeugnisse ein erheblicher Mehrauf-wand entstünde, um letztlich bei einer Beurteilung die jeweilige Person entsprechend einschätzen zu können. Weiterhin gibt es auch nach der überwiegenden Ansicht der Unternehmen keine wirklich ernst zu nehmenden Alternative zum qualifizierenden Zeugnis, die zudem auch weniger Aufwand erfordern würden. Denn in diesem Zusam-menhang muss berücksichtigt werden, dass es hierzulande nicht üblich ist, etwaige vormalige Arbeitgeber bei einer Beurteilung heranzuziehen, so das offenbar im Ergeb-nis das Arbeitszeugnis letztlich als alleiniges Dokument übrig bleibt, das eine wenn auch mittlerweile zweifelhafte aber diesbezügliche Aussagekraft besitzt. Jedoch kann an

---

[386] http://www.rp-online.de/wirtschaft/beruf/arbeitszeugnisse-die-wichtigsten-argumente-pro-und-contra-1.2408892 Quelle gesichtet: 25.02.2013

der Glaubwürdigkeit der qualifizierenden Zeugnisse aber nicht nur letztlich deshalb zu zweifeln sein, weil Personaler überwiegend nur noch gute bis sehr gute Zeugnisse ausstellen, um rechtliche Auseinandersetzungen zu vermeiden, und diese daher im Ergebnis nicht wahrheitsgemäß sind, sondern weiterfort deshalb, weil sich ein jeder durch Anbieter im Internet jedes Zeugnis analysieren, nach Wunsch vorkorrigieren oder gar im eigenen Sinne nach eigenen Wünschen vorformulieren lassen kann. Schließlich überlassen es heute viele Unternehmen demjenigen, der das Zeugnis verlangt, um von vornherein rechtliche Auseinandersetzungen und damit verbundene Kosten zu vermeiden, dass der das Zeugnis Einfordernde es selbst formulieren kann, wobei sich der überwiegende Teil, obschon auch diesbezüglich gute bis sehr gute Textbausteine im World Wide Web en masse zur Verfügung stehen[387], sinnigerweise professioneller Hilfe bedient[388]. Hiernach ist es dann auch nachvollziehbar, dass dem qualifizierten Zeugnis bezüglich seines Informationswerts allgemein beachtenswerte Zweifel zukommen[389]. Überdies lassen sich für zu gut befundene Zeugnisse aber neben der Rechtsstreitvermeidung noch zahlreiche weitere Gründe feststellen. So zum Beispiel, dass man von Unternehmensseite erwägt, sich von einem Mitarbeiter zu trennen, jedoch die Gründe für eine Kündigung nicht ausreichen, sogenanntes Wegloben. Ferner, dass von Unternehmensseite angenommen wird, dass bei einer durchschnittlichen Beurteilung gegebenenfalls in einem Rechtsstreit delikate Interna publik gemacht werden könnten. Außerdem, dass womöglich der Aussteller des qualifizierenden Zeugnis konfliktscheu ist oder aber einfach die Pflicht zur wohlwollenden Bewertung überbewertet.

Doch allem Gegenwind und Gegenstimmen zum Trotz, die das qualifizierende Zeugnis mittlerweile erfährt[390], wenn dabei mitunter auch Stimmen sind, die es, wie auch nach den hier dargestellten Erläuterungen verständlicherweise nicht völlig abwegig, sogar für obsolet halten, gibt es mit Blick auf den internationalen Arbeitsmarkt Gründe, die Letzterem entgegengehalten werden können. Denn würden Praktiken von Ländern wie den USA und Großbritannien, wo ein urkundlicher Beweis in Form des deutschen Arbeitszeugnisses nicht alltäglich ist, übernommen, so würden bei Anwendung der dort angewendeten, von externen Firmen durchgeführten „Background Checks"[391] wesentli-

---

[387] Siehe im Anhang S. 116, 117
[388] Siehe im Anhang S. 113-115
[389] *Mühlhausen* (2006) NZA-RR 2006, S. 337
[390] Siehe hierzu im Anhang S. 111
[391] Überprüfung der Korrektheit der Angaben in Bewerbungslebensläufen

che Mehrkosten auflaufen, selbst unter Berücksichtigung etwaig-anfallender Kosten, die gegebenenfalls hierzulande für juristische Auseinandersetzungen in Betracht kommen[392]. Außerdem müsste wegen des strikten Datenschutzes in Deutschland[393] bei Übernahme dieser Praxis von kostenintensiven Klagen seitens der ausspionierten Bewerber auszugehen sein. Die ebenfalls standardisierte Sprache der bezüglich in den USA und Großbritannien zum deutschen Arbeitszeugnis auch vergleichbar verwendeten internationalen „Letters of Reference",[394] welche auch mitunter mit versteckten Hinweisen, sogenannten „red flags", arbeiten, führen zu ähnlich häufigen Auseinandersetzungen vor Gericht wie hierzulande[395]. Insbesondere aber sind vor allem qualifizierende Arbeitszeugnisse in Deutschland ein wichtiger Motivationsfaktor, weil den Arbeitnehmern bewusst ist, dass sie am Ende einer jeden Beschäftigung bewertet werden können und weiter, weil sie sich darüber im Klaren sind, dass die jeweilige Bewertung für spätere Bewerbungen in der Regel wesentlich sein wird. Ein nur wertfreier Arbeitsnachweis oder aber ein nicht verbindliches, wenn auch empfehlendes Schreiben können einen solchen leistungserhöhenden Anstoß vermutlich nicht geben.

---

[392] http://berufebilder.de/2010/serie-studie-zur-aussagekraft-von-arbeitszeugnissen-die-top-5-argumente-fuer-arbeitszeugnisse/ Quelle gesichtet: 24.02.2013
[393] hierzu ausführlich *Archut* (2010) Das Swift-Abkommen, S. 24ff.
[394] *Zander* (2010) in Beck`sches Formularbuch, zu 6. Punkt Zeugnis, Rn.1-5
[395] http://berufebilder.de/2010/serie-studie-zur-aussagekraft-von-arbeitszeugnissen-die-top-5-argumente-fuer-arbeitszeugnisse/ Quelle gesichtet: 25.02.2013

III. Neue Zeugnisbewertungsansätze - Thesis

Vor dem Hintergrund, dass das Arbeitszeugnis und hierbei das qualifizierte Arbeitszeugnis Aufschluss über die im Laufe des Beschäftigungsverhältnisses unter Exempel gestellten Fertigkeiten, Fähigkeiten, Verhalten sowie etwaige Kenntnisse und weiterfort die berufliche Entwicklung des Arbeitnehmers geben und ferner aufzeigen soll, in welchem Gebiet der zu Bewertende konkret eingesetzt oder gegebenenfalls mit welchen Aufgaben er betraut worden ist, wie erlerntes Wissen durch ihn umgesetzt wurde und er sich letztlich bewährt hat, scheint es, als müsse hinsichtlich der in der Praxis und Rechtsprechung verfestigten Vorgehensweise, dass jedes Zeugnis unter Beachtung der Wahrheitspflicht dennoch wohlwollend zu formulieren ist, ein neuer Ansatz dahin gehend aufgezeigt werden, als dieser möglicherweise eine effizientere, nicht kostenintensive, also im Ergebnis echte und vor allem wieder glaubwürdigere Alternative zum derzeitigen qualifizierten Zeugnis darstellen könnte. Dies scheint jedoch nur möglich, insoweit zunächst das einfache Zeugnis als Endzeugnis abgeschafft würde. Denn zum einen würde hierdurch der Wertung vorgegriffen, dass bei etwaiger Vorlage eines nur einfachen Zeugnisses es allem Anschein nach nicht für ein gutes Zeugnis gereicht hätte[396]. Ferner würden sich auch die Unstimmigkeiten dahingehend erübrigen, ob bezüglich der § 630 S. 1, 2 BGB und § 109 I GewO eine Wahlschuld im Sinne von § 262 BGB vorliegt. Die teils unterschiedlichen Ansichten, ob nach einem erteilten qualifizierten Zeugnis Zug um Zug gegen Rückgabe ein einfaches Zeugnis verlangt werden kann, würden sodann ebenfalls obsolet. Weiterhin müssten auch die ausformulierten Bewertungen bei einem qualifizierten Zeugnis als Endzeugnis abgeschafft werden. Zwar wird dem Zeugnisausstellenden einerseits zugestanden, beim Verfassen eines qualifizierten Zeugnisses frei formulieren zu können, andererseits scheint es, dass, sofern der Beurteilte sich zumeist bei Beendigung des Arbeitsverhältnisses aus seiner Sicht nicht zu Recht bewertet sieht, die Zeugnisse nach sodann erfolgtem Rechtsstreit und hierbei durchgesetzter Berichtigung zunehmend homogen wirken. Und um gerade kostenintensiven Rechtsstreitigkeiten aus dem Wege zu gehen, wird diese Homogenität nunmehr immer offenkundiger schon in den direkt erteilten Zeugnissen festgestellt. Denn Fakt ist, sofern ein Mensch einen anderen bewertet, wird diese Bewertung mal

---

[396]http://www.ruv.de/de/r_v_ratgeber/ausbildung_berufseinstieg/geld_recht/arbeitszeugnis.jsp Quelle gesichtet: 25.02.2013

mehr, mal weniger auch immer ein Stück weit subjektiv ausfallen. Folglich sind bei dieser fortdauernd praktizierten Vorgehensweise wie festgestellt letztlich Fehler vorprogrammiert, und es wird, wie ebenfalls belegt, im Nachgang der Erteilung eines qualifizierenden Zeugnisses auch häufig zu Beanstandungen in Form von Rechtsstreitigkeiten kommen. Daher muss für den zu Beurteilenden ein aus seiner Sicht einfacheres und gerechteres Bewertungsmittel angewendet werden, welches aber wiederum für die Unternehmen als Bewertende nicht allzu aufwendig und verwaltungstechnisch leicht durchführbar wäre. In Betracht käme hierbei, für das qualifizierte Zeugnis, welches nunmehr nur noch als Arbeitszeugnis zu betiteln wäre, hinsichtlich der Leistungs- und Verhaltensbewertung ein Benotungssystem mit den Noten eins bis drei einzuführen, wobei die Note drei für einen Beschäftigten in einem Beschäftigtenverhältnis ohne negative Vorkommnisse automatisch gegeben wäre, da jeder Arbeitnehmer letztlich auch nur eine Leistung von mittlerer Art und Güte im Sinne von § 243 I BGB schuldet[397]. Die Note zwei könnte der Arbeitgeber insoweit erteilen, als der Arbeitnehmer mehr als nur durchschnittliche Leistungen erbracht sondern sich zur Gänze über das Mindestmaß hinaus persönlich in die Arbeit eingebracht hat. Diese Bewertung könnte auch, um mehr Authentizität über den gesamten Zeitraum der Beschäftigung zu erreichen, als monatliche oder quartalsweise Zwischenbewertung vorgenommen werden und dann am Ende mittels Berechnung des Durchschnitts als Durchschnittsnote im Zeugnis einfließen. Hier jedoch zeigen sich schon dieselben Schwächen wie beim bisherigen System der Bewertung. Denn ohne hier noch die Abstufung zu einer sehr guten Leistung vornehmen zu müssen, zeigt sich, dass das oben dargelegte Konfliktpotential zwischen wohlwollender Abfassung eines qualifizierten Zeugnisses bei gleichzeitiger Einhaltung der Wahrheitspflicht nicht entschärft, sondern vielmehr beibehalten wird, da jedenfalls anzunehmen wäre, dass trotz des Wegfallens einer ausformulierten Bewertung die Arbeitnehmer dennoch die Arbeitsgerichte in Anspruch nehmen würden, weil sie wohl in der Regel hinsichtlich ihrer subjektiven Ansicht bezüglich ihrer erbrachten Leistung der Meinung wären, mehr als nur eine durchschnittliche, also eine von mittlerer Art und Güte erbracht zu haben. Weiterfort würde in diesem System die Leistung mittlerer Art und Güte und damit die Note drei als unterste Note letztlich im Verhältnis zur möglichen eins (1) und zwei (2) letzten Endes immer als schlechte

---

[397] *Dörner*/Vossen (2012) in Anscheid/PreisSchmidt, Rn. 278a; Vgl. Schüren (2010) zu Punkt B. Einleitung, Rn.328; Vgl. BAG, Beschluss vom 14.01.1986 - 1 ABR 75/83 in NZA 1986, S.435

Bewertung gelten. Mithin scheidet dieses System der Bewertung auch ferner wegen der alternativ in Betracht gezogenen monatlichen oder quartalsweisen Zwischenbewertungen als echte Alternative wegen eines zu hohen Verwaltungsaufwands zum bisherigen System aus.

Wenn weiterfort aber die soeben dargelegten Überlegungen bezüglich der Abschaffung des einfachen Zeugnisses als solchem und den damit einhergehenden Vorteilen betrachtet werden, so muss hieran in der Konsequenz festgehalten werden, jedoch mit der Modifikation, dass das qualifizierte Zeugnis - nunmehr nur als Arbeitszeugnis bezeichnet - und einziges Endzeugnis sich der direkt bewertenden Ausformulierung bezüglich Leistung und Verhalten und der direkten Bewertung mittels Noten entledigt.

Denn nur durch eine indirekte Bewertung, eine Bewertung, die als solche nicht beanstandet werden und vor allem nicht eingefordert werden kann, scheint es, würde dem qualifizierenden Zeugnis wieder mehr Authentizität zukommen können. Dabei könnte es in der Praxis so aussehen, dass nunmehr ausschließlich dem Inhalt nach ein qualifiziertes Zeugnis zu erteilen ist, sofern der Berechtigte Anspruch auf ein vorläufiges Zeugnis oder ein Zwischenzeugnis hat oder nach Beendigung der Beschäftigung ein Arbeitszeugnis als Endzeugnis verlangt. Bezüglich des Endzeugnisses könnte auch angedacht werden, dass ein solches mit Beendigung der Beschäftigung automatisch zu erteilen wäre. Im Einzelnen würde die jeweilige Bewertung der Leistung und des Verhaltens, gegebenenfalls auch des Führungsverhaltens hierbei sodann derart vorgenommen, dass nunmehr mittels der Zeichen Plus (+) und Minus (-) bewertet wird[398].

Wird beispielsweis die Leistung bewertet, so ergibt sich bezüglich derer zunächst für jeden Arbeitnehmer immer eine Bewertung mit einem Plus. Dies folgt daraus, dass der jeweils Beschäftigte eben (nur) eine Leistung mittlerer Art und Güte schuldet. Das Plus soll deshalb Verwendung finden, da es zum einen ein positives Zeichen und damit wohlwollend und zum anderen durch Arbeitnehmer vor Gericht nicht anfechtbar ist, da es bei ordentlicher Leistungserbringung grundsätzlich in jedem Zeugnis stünde. Erbringt jedoch der Beschäftigte hingegen nicht die entsprechend geschuldete durchschnittliche Leistung unter Rücksicht auf seine Person und seine Tätigkeit, so ergäbe

---

[398] Beispiele des qualifizierten Arbeitszeugnisses mit neuen Bewertungsansätzen in Form des Arbeitszeugnisses eines Arbeitnehmers / Dienstverpflichteten: - ohne besondere Vorkommnisse, durchschnittliches Zeugnis S. 138 im Anhang; - eines guten Zeugnisses eines Arbeitnehmers / Dienstverpflichteten S. 139 im Anhang; - eines Musterformulars eines Arbeitszeugnisses unter Berücksichtigung aller Bewertungsmöglichkeiten wie das auch das Führungsverhalten, im Anhang S. 140

dies eine Wertung mittels eines Minus (-), aber nur, insoweit diesbezüglich eine berechtigte Abmahnung erfolgte. Bei späterer, möglicher Nichtabstellung der mangelhaften Leistungserbringung würde in der Praxis ohnehin zeitnah regelmäßig eine Kündigung folgen.

Da aber eine gute Leistung und damit persönliches Engagement auch berücksichtigt werden soll, kann bei der Bewertung der Leistung ein zweites Plus hinzugefügt werden. Dies jedoch nur dann, wenn im Laufe des Dienst- oder Arbeitsverhältnisses sich die Anerkennung des beschäftigenden Unternehmens hinsichtlich der Leistungen des Beschäftigten letztlich in einer freiwilligen Erhöhung seines Lohns bzw. Gehalts ausgedrückt hat. Positiv hierbei ist, dass mit einer jeglichen Lohnerhöhung letztlich auch die gesamte Person und damit mittelbar auch vorbildliches Verhalten gewürdigt wird. Die Höhe der Lohnerhöhung soll hierbei keine Rolle spielen, sodass es auch kleineren Unternehmen möglich ist, auf diesem Wege ihre Erkenntlichkeit auszudrücken und den Beschäftigten damit indirekt zu bewerten. Und da eine Lohnerhöhung ohnehin verwaltungstechnisch erfasst werden muss, entsteht letztlich auch kein Mehraufwand für das Unternehmen. Und dies selbst auch bei einer zu einem späteren Zeitpunkt vorzunehmenden Zeugnisabfassung nicht, da der Vorgang technisch abgewickelt werden kann und damit sogar Kosten einspart. Es ist mithin auch nicht mehr notwendig, dass der jeweilige Vorgesetzte, sofern dieser das Unternehmen verlässt oder versetzt wird, gegebenenfalls ein Zwischenzeugnis zu erstellen hat, um ein möglichst authentisches Bild seines Beschäftigten wiederzugeben. Die Daten wären jederzeit abrufbar, was wiederum auch die Verwirkungsregelung in Frage stellt. Letztlich würde bezüglich einer solcherart durchgeführten Leistungsbeurteilung ein tatsächliches dem Wahrheitsgebot entsprechendes Bild des jeweiligen Beschäftigten wiedergegeben. Denn andererseits ist eine Nichterhöhung des Lohns/Gehalts ebenfalls eine indirekte Wertung, welche sich in einem Zeugnis bei durchschnittlicher Leistungserbringung sodann mit nur einem Plus auswirkt. Allerdings ist diese nicht bei Gericht einklagbar.

Bei der Verhaltensbeurteilung würde die Bewertung ähnlich wie bei der Leistungsbeurteilung erfolgen. Sofern keine berechtigten disziplinarischen Maßnahmen oder Abmahnungen im Personalblatt oder in der Personalakte vermerkt werden[399], mithin also nichts Negatives gegen den Arbeitnehmer bzw. Dienstverpflichteten vorliegen würde, wäre

---

[399] Bei unberechtigter Abmahnung in der Personalakte ergibt sich ein Anspruch auf Beseitigung derer aus §§ 1004, 242 analog

das Verhalten mit einem Plus zu bewerten. Ist es allerdings doch der Fall, dass beispielsweise eine verhaltensbedingte Abmahnung erteilt wurde, so wäre das Verhalten so lange mit einem Minus zu bewerten, sofern bei gleichzeitiger Angabe der jeweiligen Maßnahme und jeweiliger Gründe der entsprechende Vorgang aktenkundig ist. Bei einer etwaigen Bewerbung kann der potentielle neue Arbeitgeber sich nämlich hierdurch ein echtes Bild von dem sich Bewerbenden machen. Insoweit beispielsweise regelgerechte Abmahnungen zumeist nach zwei – drei Jahren gelöscht werden[400], so kann, im Falle, dass ein Arbeitnehmer nur ein Jahr in dem betreffenden Unternehmen beschäftigt wurde und der Vorgang eben noch aktenkundig wäre, da der Arbeitgeber sich ferner auch nicht veranlasst sah, dem ihm von der Rechtsprechung anheimgestellten bis angemahnten Grundsatz zur Beachtung der Rücksicht für das berufliche Fortkommen nicht außer Acht zu lassen[401], der etwaige neue Arbeitgeber sich durch das Arbeitszeugnis letztlich selbst ein Bild davon machen, inwieweit die Sache für ihn durch Zeitablauf noch relevant wäre, und damit den Vorgang selbst bewerten. Und dies kann durch die kürzlich getroffene Entscheidung des BAG[402] noch erheblich verbessert werden, da dieses entschied, dass berechtigte Abmahnungen nunmehr nicht nach einer auch längeren Zeit zu löschen sind, wenn der Arbeitgeber ein berechtigtes Interesse an deren fortdauernder Nichtentfernung aus der Personalakte hat, da er bei einem wiederholten Verstoß für eine gerechtfertigte verhaltensbedingte Kündigung möglicherweise erneut abmahnen müsste. Letztlich entspricht dies auch den Grundsätzen von Wahrheit und Vollständigkeit[403]. Um jedoch auch dem Wohlwollens-Grundsatz zu entsprechen, könnte sich die einzelne Auflistung aller Arbeitsjahre im Arbeitszeugnis mit neuen Bewertungsansätzen dahingehend positiv für den Arbeitnehmer auswirken, dass, sofern eine Abmahnung in der Personalakte verblieben ist und damit im Arbeitszeugnis anzugeben wäre, bei einer Arbeitszeit von beispielsweise insgesamt fünf Jahren daneben eben vier Jahre angeführt werden, in denen bestenfalls nicht Derartiges vorgekommen ist.

Im Ergebnis kann diese Art der Zeugnisausstellung eine echte und ernsthafte Alternative zu den bisher in der Praxis verwendeten Zeugnissen als Endzeugnis darstellen. Denn

---

[400] *Brill* (1985) in NZA-RR 1985, S.109, zu III.
[401] BAG, Urteil vom 27-11-1985 - 5 AZR 101/84 in NJW 1986, S. 1065, 2. Leitsatz
[402] BAG, Urteil vom 19.7.2012, 2 AZR 782/11
[403] Vgl. *Berkowsky* (2009) in Münchener Handbuch zum Arbeitsrecht, § 114, Rn.156

das nach diesem neuen System nur noch dem Inhalt nach auszustellende bisherige qualifizierte Zeugnis, welches wörtlich in Arbeitszeugnis umzutaufen wäre, würde alle Arbeitnehmer bzw. Dienstverpflichteten in Unternehmen grundsätzlich nach dem, was sie auch letztlich schulden – eine Leistung mittlerer Art und Güte -, zunächst gleich bewerten. Insoweit jedoch tatsächlich, gute bis sehr gute Leistungen erbracht würden und letztlich wohl auch das Verhalten stimmte, kann angenommen werden, dass sich jeder Arbeitgeber damit leicht täte, eine in der Höhe wie auch immer geartete Lohnerhöhung vorzunehmen, die wiederum zwar automatisch die Bewertung mit einem zusätzlichen Plus bei der nicht mehr auszuformulierenden Leistungsbewertung in einem Arbeitszeugnis auslöste, hingegen jedoch nicht vom Arbeitnehmer bzw. Dienstverpflichteten einklagbar wäre. Folglich würden auch die Rechtsstreitigkeiten, die sich mit Arbeitszeugnissen auseinanderzusetzen hätten, weiter verringert und gleichzeitig die Arbeitsgerichte entlastet. Und da auch beim Verhalten keine subjektiv ausformulierten Einschätzungen mehr vorzunehmen wären, sondern lediglich das Verhalten in der Bewertung daran gemessen wird, ob gegebenenfalls berechtigte Maßnahmen wie Abmahnungen vermerkt wären, wäre es diesbezüglich nur folgerichtig, auch weiterfort zumindest alle wirksamen arbeitgeberseitigen Kündigungen, die aus der Sphäre des Arbeitnehmers bzw. Dienstverpflichteten herrühren, mit einzubeziehen. Hiernach würde das neue Arbeitszeugnis, das letztlich einfaches und qualifiziertes Zeugnis zusammenfasst, ein wahrheitsgetreueres, weil der Arbeitnehmer bzw. Dienstverpflichtete sich durch seine Arbeit und sein Verhalten selbst bewertet. Außerdem wäre es ein gerechteres und vor allem glaubwürdigeres Zeugnis als das bisherige qualifizierte, da es grundsätzlich zwar das Wohlwollen berücksichtigt, aber letztlich im Bezug auf das Arbeitsverhältnis den Anspruch auf Vollständigkeit und Wahrheitspflicht, insbesondere da der Leser eines Zeugnisses dies erwarten kann, wieder in den Vordergrund rücken würde. Im Ergebnis würde hierdurch wohl das (qualifizierte) Arbeitszeugnis wieder an Glaubwürdigkeit gewinnen. Sollten aber dennoch gewisse Zweifel bezüglich der Eignung eines Bewerbers gegeben sein, so könnten diese sich gegebenenfalls in der bei Arbeitsverhältnissen gebräuchlichen Probezeit zerstreuen, insbesondere, da hier auch der Gesetzgeber für die eignungsfeststellende, auf Probe gewährte Arbeitszeit sich der jeweils ungewissen Lage gegenüber verständig zeigte, indem er dem Arbeitgeber mit § 622 III BGB ein erleichtertes Kündigungsrecht eingeräumt hat.

G. Zusammenfassung

Für das qualifizierte Zeugnis, das in der heute praktizierten Weise schon seit weit über einhundert Jahren in der Wirtschaft als Arbeitszeugnis Anwendung findet, lassen sich im deutschen Recht die wesentlichsten Normen der GewO, dem BGB und der BBiG entnehmen. Hierbei ist neben dem BBiG, welches lediglich für Auszubildende relevant ist, zu beachten, dass seit dem 01. Januar 2003 die Regelung des § 109 GewO für sämtliche Arbeitnehmer und die Vorschrift des § 630 BGB für Dienstverpflichtete, welche in einer dem Status von Arbeitnehmern vergleichbar abhängigen Lage beschäftigt wurden, anzuwenden ist. Für die übrigen Beschäftigten im öffentlichen Dienst und auch Beamte gibt es diesbezügliche Regelungen im TVöD (BAT) und dem BBG. Begrifflich jedoch gab und gibt es den Terminus qualifiziertes Arbeitszeugnis nicht im Gesetz. Die Bezeichnung dient lediglich zur Unterscheidung zu Prüfungs- und Schulzeugnissen aller Art. Im Gegensatz zu einem sogenannten einfachen Zeugnis, das Art und Dauer einer jeweiligen Beschäftigung bescheinigt, werden, in einem qualifizierten Zeugnis überdies das Verhalten, ggf. das Führungsverhalten, und die erbrachte Leistung vom Zeugnisersteller beurteilt. Dabei ist der Arbeitgeber grundsätzlich in der Wahl seiner Worte mit Rücksicht auf das AGG und die jeweilige Schwerpunktsetzung frei. Allerdings ist der Verfasser bei seiner Beurteilung aus einer nachwirkenden Fürsorgepflicht gehalten, so auch die herrschende Rechtsprechung, dass er diese wohlwollend vornimmt, jedoch unter gleichzeitiger Einhaltung der Wahrheitspflicht. Die wohlwollende Bewertung verfolgt hierbei den Zweck, den jeweiligen Arbeitnehmer in seinem beruflichen Fortkommen nicht zu behindern. Die Folge davon ist, dass sodann mitunter an sich auch relevante Tatsachen, die ein Leser wie ein potentieller neuer Arbeitgeber gern über seinen Bewerber erfahren würde, nicht unbedingt in einem qualifizierten Zeugnis aufgeführt sind. So sollen nämlich arbeitsbezogene einmalige Vorfälle mitunter nicht unbedingt anzugeben sein. In diesem Zusammenhang ist das oben erörterte Beispiel anzuführen, bei welchem eine Unterschlagung von Firmengeld in erheblicher Höhe durch Einzahlung auf das tätereigene Konto durch richterlichen Beschluss nicht in einem Arbeitszeugnis anzuführen war, da man zum Zeitpunkt der Zeugnisausstellung die polizeiliche Ermittlung noch nicht abgeschlossen hatte. Wiederum in einem gleichgelagerten Fall, was auch nur folgerichtig war, musste die sittliche Verfehlung eines

Heimerziehers bei laufendem Ermittlungsverfahren im Arbeitszeugnis angegeben werden[404]. Die diesbezüglichen Unsicherheiten, was die jeweiligen Ansichten der Gerichte anbelangt, und auch, dass ferner keine negativen Formulierungen sowie Geheimcodes in Zeugnissen verwendet werden dürfen, haben im Laufe der Zeit eine eigene Zeugnissprache hervorgebracht, die mittlerweile eine Wissenschaft für sich ist. Dabei bedient sich die Zeugnissprache sogenannter Techniken zur Verschlüsselung, indem zum Beispiel nicht gute Leistungen höflich wohlwollend umschrieben werden. Im Ergebnis können hierdurch an sich scheinbar gute Bewertungen mitunter ergänzt oder aber auch entkräftet werden. Die Folge davon ist, dass nicht wenige Arbeitnehmer vor Gerichten diesbezügliche Klagen zur Berichtigung eines Zeugnisses anstrengen, um hierdurch auch mittels der damit nicht geringen Erfolgschancen zu einem sodann derart korrigierten Zeugnis zu gelangen, welches den Beurteilten letztlich häufig in einem besseren Licht dastehen lässt. Dass hierdurch im Ergebnis Arbeitszeugnisse verfälscht werden können, ist nicht von der Hand zu weisen. Doch die Verpflichtung zu einer wohlwollenden Zeugniserstellung muss angesichts des Sinn und Zwecks des jeweiligen Zeugnisses in jedem Fall dort enden, wo sich ein etwaiges Interesse, wie von einem künftigen Arbeitgeber an der Zeugnisrichtigkeit geradezu aufdrängt. Denn das Arbeitszeugnis soll im Eigentlichen nur in zweiter Linie wohlwollend und in erster Linie wahr sein. Inwieweit die vom Zeugnisersteller einzuhaltende Wahrheitspflicht im Zusammenhang mit der zu berücksichtigenden Zeugnisklarheit und dem zu wahrenden Vollständigkeitsgebot mit der Zeit jedoch die Glaubwürdigkeit abhanden gekommen ist, zeigen die nicht zu überblickenden Beiträge in sämtlichen Printmedien, welche schon seit Jahren an der Zuverlässigkeit der qualifizierten Arbeitszeugnisse zweifeln[405]. Schließlich kommen auch Studienergebnisse zu dem Schluss, dass es in der überwiegenden Anzahl bei stetig steigenden Zeugniserteilungen kaum der Wirklichkeit entsprechen kann, dass in den letzten Jahren größtenteils qualifizierte Zeugnisse mit gut und sehr gut bewertet werden. Hierbei liegt es nah, dass dies eine Folge dessen ist, dass Rechtsstreitigkeiten bezüglich des Inhalts von Arbeitszeugnissen, gerade weil diese letztlich die Visitenkarte eines Arbeitnehmers sind, bei nur durchschnittlich vorgenommenen Bewertungen deutlich zunehmen würden. Und dies würde wiederum das Kostenrisiko der jeweiligen Unternehmen bezüglich etwaiger Rechtsprozesse deutlich

---

[404] Siehe Fn.195
[405] Siehe hierzu im Anhang S. 105-112

erhöhen. Außerdem ist den Unternehmen anhand der Rechtsprechung bewusst, dass Gerichte, die sich mit Arbeitszeugnissen befassen, in der Regel im Sinne des Wohlwollens-Grundsatzes dazu geneigt sind, vornehmlich arbeitnehmerfreundliche Entscheidungen zu treffen. Um diesen Missstand beheben zu können, bedürfte es nach hiesiger Ansicht aber einer Korrektur bei den bestehenden Regelungen und den hieraus sich entwickelnden Praktiken bezüglich der Erstellung von Arbeitszeugnissen, um dem qualifizierten Arbeitszeugnis wieder die gesollte Glaubwürdigkeit bzw. Zuverlässigkeit zukommen lassen zu können. Um dies zu erreichen, stehen bei der angedachten Korrektur bisheriger Regelungen der Gedanke der mittelbaren Selbstbewertung, die Wahrheitspflicht, die Zeugnisklarheit und das Vollständigkeitsgebot im Vordergrund. Das heißt, dass zunächst das einfache Zeugnis als solches abgeschafft würde. Hierdurch würde der Wertung vorgegriffen, dass bei etwaiger Vorlage eines nur einfachen Zeugnisses es allem Anschein nach nicht für ein gutes Zeugnis gereicht hätte, und ferner würden sich auch die Unstimmigkeiten dahin gehend erübrigen, ob bezüglich der § 630 S. 1, 2 BGB und § 109 I GewO eine Wahlschuld im Sinne von § 262 BGB vorliegt. Auch wären die teils unterschiedlichen Ansichten, ob nach einem erteilten qualifizierten Zeugnis Zug um Zug gegen Rückgabe ein einfaches Zeugnis verlangt werden kann, sodann ebenfalls obsolet. Als Zeugnis in Gestalt eines Arbeitszeugnisses soll es nur noch eins mit dem Inhalt eines modifiziert qualifizierten Zeugnisses geben. Das bedeutet, dass grundsätzlich jegliche Leistung respektive des § 243 BGB von vornherein mit einem guten Durchschnitt in Form eines Plus bewertet wird. Sollte aber der jeweilige Arbeitnehmer sich tatsächlich auf seiner Arbeitsstelle derart überdurchschnittlich einbringen, dass der jeweilige Arbeitgeber dies mittels einer in der Höhe wie auch immer gearteten Lohnerhöhung anerkennt, würden im zu erteilenden Arbeitszeugnis bei der Leistungsbewertung zwei Plus-Zeichen vermerkt. Im Falle einer unterdurchschnittlichen Leistung wäre bei Nichtabstellung die Leistung mit einem Minus zu bewerten, worauf nach üblicher Abmahnung in der Regel ohnehin die Kündigung folgte. Bei der Verhaltensbeurteilung steht grundsätzlich von vornherein ebenfalls ein gut durchschnittliches Pluszeichen. Sollte es allerdings zu berechtigten disziplinarischen Maßnahmen oder berechtigten Abmahnungen kommen, wären diese aus der Personalakte in das zu erstellende Arbeitszeugnis grundsätzlich zu übernehmen. Allerdings wäre eine Auflistung der einzelnen Mitarbeiterjahre ratsam, da eine Abmahnung, die zum einen lange zurückliegt oder aber erst erteilt wurde, im Gesamtkontext bei beispielsweise zehn Mitarbeiterjahren in denen das Verhalten tadellos war und im Zeugnis jeweils ein Plus steht, an Bedeutung verliert. Ein verwaltungstechnischer Mehraufwand wäre nicht gegeben, da selbst, wenn der Arbeitnehmer das Arbeitszeugnis weiterhin verlangen könnte oder es abgesehen von Zwischen- oder vorläufigem Zeugnis automatisch zu erteilen wäre, die Daten grundsätzlich vorhanden wären, was wiederum erfordert, das jegliche ausformulierte Bewertung nicht mehr vorgenommen wird. Mithin könnten sich hieraus auch die Verwirkung und die Regelungen zur Verjährung erübrigen. Auch würden die Gerichte entlastet da die Bewertungen nicht einklagbar sind, weil die Gegebenheiten die zu den Bewertungen führen in der Hauptsache arbeitnehmerverursacht sind. Weiterfort würden sich wohl auch sämtliche Schadensersatzklagen im Bezug auf Arbeitszeugnisse erledigen. Soweit im Übrigen die formellen und materiellen Anforderungen für das bisherige qualifizierte Zeugnis weiterfort Anwendung finden, würde insgesamt gesehen eine diesbezügliche Änderung des Zeugnisrechts verbunden mit den aufgeführten zahlreichen Vorteilen wohl auch zu echter Glaubwürdigkeit der Arbeitszeugnisse führen.

Anhang

Die Reichspolizeiordnung vom 19. November 1530
Frühneuhochdeutscher Originaltext

Romischer Keyserlicher Maiestat Ordenung und Reformation guter Pollicei im Heyligen Römischen Reich Anno M. D. XXX. zu Augspurg uffgericht.

Wir Karl der fünfft von Gotts gnaden Römischer Keyser / zu allen zeiten merer des Reichs / König inn Germanien / zu Castilien / zu Arragon / zu Legion / beyder Sicilien / zu Hierusalem / zu Hungern / zu Dalmatien / zu Croatien / Navarra / zu Granaten / zu Tolleten / zu Valentz / zu Gallitien / Maioricarum Hispalis / Sardinie / Cordube / Corsice / Murcie / Giennis / Algarbien / Algezire / zu Gibraltaris / und der Insulen Canarien / auch der Insulen Indiarum / und terre firme des meres Oceani etc. Ertzhertzog zu Osterreich / Hertzog zu Burgundi / zu Lotterich / zu Brabant / zu Steier / Kernten / zu Crain / Limpurg / Lützenburg / Geldern / Wirtenberg / Callabrie / Athenarum / Neopatrie etc. Graff zu Habspurg / zu Flandern / zu Tirol / zu Gortz / Parsiloni / zu Arthois / zu Burgundi. Pfaltzgraff inn Heingaw / zu Holandt / zu Selandt / zu Pfirdt / zu Kiburg / zu Namur / zu Rossilion / zu Teritan / und zu Zütphen. Landtgraff inn Elsas. Margkraff zu Burgaw / zu Oristani / zu Gotiani / und des heiligen Römischen Reichs Fürst zu Schwaben / zu Cathilonia / Asturia etc. Herr inn Frießlandt / auff der Windischen marck / zu Portenaw / zu Biscaia / zu Molin / zu Salms / zu Trippoli / und zu Mecheln. Embieten allen und jeglichen unsern unnd des heyligen Reichs Churfürsten und Fürsten / geystlich und weltlich Prelaten / Graven / Freien Herrn / Rittern / Knechten / Hauptleuten / Schultheyßen / Burgermeistern / Richtern / Rädten / Burgern / und Gemeynden / und sunst allen andern unsern und des Reichs underthanen und getrewen / inn was wirden / standts oder wesen die seind / den dise unser ordnung oder abschrifft do von zu sehen oder zu lesen für kommen / oder gezeygt wirt / unser gnad und alles gut. Nach dem wir zu unser ankunfft inn das heylig Römisch Reich eynen gemeynen Reichßtag allher gen Augspurg haben thun außschreiben / und darauff alle unsere unnd des heyligen Reichs Churfürsten / Fürsten unnd Stend zu erscheinen erfordert / sampt inen alles das für zu nemen / zu radtschlagen / zu handeln und zu schliessen / daß zu fürderst Gott dem Allmechtigen zu ehr und lob / gemeyner Christenheyt und Deutscher Nation zn wolfart / frid und eynigkeyt / auch dem heyligen Römischen Reich zu nutz auffnemen und gedeihen reychen möcht. Und wir aber inn beradtschlagung unnd handlung des Reichs sachen und geschäfften neben andern unordnungen mängeln und gebrechen befunden / daß / wiewol von vilen jaren her zu gehalten Reichßtägen von guten ordnungen unnd Pollicei / als der schweren unerhörten Gottßlesterung / zutrinckens / übermässigkeyt köstlicher kleydung beradtschlagt / so hat doch solch ordnung zu keyner wircklichen volnziehung gereycht / dardurch dann Gottßlesterung ungehörter weiß / auch das zutrincken inn gemeyn übung und brauch kommen. Deßgleichen hat köstlicheyt der kleydung under der Ritterschafft / Adel / Burger und Bawerßmann dermaß unnd also überhandt genommen / daß dardurch nit alleyn sonder person / sonder auch gemeyne [406]

---

[406] Reichspolizeiordnung, Auszug von 1530

[5.] Von des Adels und irer Reyßichen knecht Gottsschwüren und flüchen.

Item domit obgemelte Gottsschwür und flüchen bei Graffen / Herrn / und dem Adel (den es vil weniger dann minder personen gebürt / und ansteht) auch iren gedingten knechten und ehehalten vermitten und underlassen / und andere leut durch sie nit geergert werden / so wöllen wir / daß eyn jeder Churfürst und Fürst / Graffen und Herren / und vom Adel nach vermög diser Reichs ordnung bei irem hoffgesind und dienern gnediglich und zum besten ordnung und handthabung bei gebürlicher straff und peen fürnemen / domit obgemelte Gotts schwür und flüch bei irem hoffgesind / dienern und ehehälten nicht weniger / dann oben von andern unedeln Gottßlesterern gesatzt / gebüsset und gestrafft werden.

Daß auch eyn jeder Fürst / Graff / Herr / und andere des Adels von allen iren reyssigen und anderen knechten und ehehalten / neben iren dienstpflichten sonderlich glübd nemen / oder nemen lassen. Wes sie sich obgemelter Gotts schwür halben verwircken würden / sich derhalben gehorsamlich büssen zu lassen / wie vor der anderen unedeln Gottßschwürer und fluchen halben gesetzt und begriffen ist.

Unnd daß sich eyn jeder Fürst mit sampt gemelten seinen verwandten / Graffen / Herrn / und andern des Adels für sich / ire nachkommen und erben / also inn besser form nach noturfft zusamen verschreiben und verpflichten.

Item welche Graffen / Herrn / oder Adel sonderlich Churfürsten oder Fürsten nit verwandt / sonder on mittel / und alleyn unß unnd dem heyligen Reich zugehören / wöllen unnd meynen wir / daß die selben bei den pflichten / domit sie unß und dem heiligen Reich verwandt / sich vor gemelter Gottsschwür halben für sich / ire diener / knecht und ehehalten / inn allermassen halten sollen / wie oben / von wegen der Fürsten / Graffen / Herrn / und andern des Adels / so den Fürsten verwandt seind / auch der selben knecht und ehehalten klärlich gesetzt ist.

Und sich inn dem allem Fürsten / Graffen / Herrn / und andere des Adels / so fleissig halten unnd erzeygen / domit durch iren gerechten wandel die schuldige ehr Gotts / wie obgemelt / gefürdert / unnd nit verhindert werd / wie sie dann das iren stenden nach vor mindern personen zu thun schuldig seind. [407]

---

[407] Reichspolizeiordnung, Auszug von 1530

ZEUGNISSPRACHE

Die geheimen Codes in Arbeitszeugnissen

Weil negative Formulierungen im Arbeitszeugnis verboten sind, werden Arbeitgeber erfinderisch. Welche Formulierung was bedeutet, erklären wir in einer Übersicht.

Arbeitszeugnisse müssen wohlwollend formuliert sein . Damit dennoch klar wird, dass der Mitarbeiter nicht der eifrigste war, haben sich in der Zeugnissprache geheime Codes etabliert. Die sind zwar unzulässig, aber nur die wenigsten Arbeitnehmer kennen sie auch und können sich so gegen die Formulierungen wehren. ZEIT ONLINE zeigt die gängigsten Sätze und ihre Bedeutung in einer Übersicht.

Faulheit und Inkompetenz:

"Er machte sich mit großem Eifer an die ihm übertragenen Aufgaben" bedeutet nicht etwa großes Engagement, sondern dass sich der Mitarbeiter verzettelt und nicht ergebnisorientiert gearbeitet hat.

"Er zeigte Verständnis für seine Arbeit" drückt aus, dass der Arbeitnehmer zwar wusste, was er zu tun hatte, es aber nicht tat.

Auf Faulheit deutet folgender Wortlaut hin: "Er verstand es, alle Aufgaben mit Erfolg zu delegieren".

[408]

---

[408] http://www.zeit.de/karriere/bewerbung/2011-01/codes-arbeitszeugnisse   Quelle gesichtet: 15.02.2013

Katalogberufe

Das herkömmliche Spektrum	Neue Freie Berufe
	Freie heilpädagogische Berufe - Atem-, Sprech- und Stimmlehrer - Logopäden - Motopäden/Mototherapeuten /Motologen
Freie heilkundliche Berufe - Ärzte - Zahnärzte - Tierärzte - Apotheker - Psychotherapeuten - Hebammen - Physiotherapeuten - Masseure/medizinische Bademeister - Krankenschwester/Krankenpfleger - Logopäden - Beschäftigungs- und Arbeitstherapeuten	*Freie Heilberufe* - Heilpraktiker - Ergotherapeuten - Diätassistenten - Gesundheitsberater - Heileurythmisten - Kunsttherapeuten - Musiktherapeuten
	Freie Sozialberufe - Berufsbetreuer - Diplom-Sozialarbeiter/Diplom-Sozialpädagogen - Ambulante Pflege
Freie rechts- und wirtschaftsberatende Berufe - Rechtsanwälte/Rechtsbeistände - Patentanwälte - Notare - Wirtschaftsprüfer - vereidigte Buchprüfer - Steuerberater/Steuerbevollmächtigte - Unternehmensberater/Wirtschaftsberater - Werbe- und Public-Relations-Berater	*Freie rechts- und wirtschaftsberatende Berufe* - Arbeitsvermittler - Leasing-Berater - Trainer - Vermögensberater - Versicherungsberater - Aktuar - Finanzplaner - Rentenberater - Fundraiser - Facility Manager - DV-Berater

[409]

---

[409] http://www.smwa.sachsen.de/set/431/katalogberufe.pdf   Quelle gesichtet: 14.02.2013

Das herkömmliche Spektrum	Neue Freie Berufe
	Freie Medien-, Informations- und Kommunikationsberufe - Designer im Medienbereich - Drehbuchautoren - Informationsbroker - Medienberater - Multimediaberufe - Videomacher/Filmemacher - PR-Berater
Freie Kulturberufe (im engeren Sinne) - Schriftsteller - Musiker - Darstellende Künstler - Bildende Künstler/Designer - Journalisten - Pädagogen (Tanzlehrer, Musiklehrer u.a.) - Dolmetscher/Übersetzer	*Freie Kulturberufe* - Medienpädagogen - Museumspädagogen - Theaterpädagogen - Tanzpädagogen - Art Consultants - Kulturberater - Event-Manager - Kulturmanager - Sponsor-Agent/Sponsoring-Berater
Freie technische und naturwissenschaftliche Berufe - Architekten - Beratende Ingenieure - Vermessungsingenieure - Sachverständige - Chemiker - Lotsen - Restauratoren	*Freie technische und naturwissenschaftliche Berufe* - Biologen - Biotechnologen - Bioinformatiker - Geographen - Beratende Geologen - Internetprovider - Medieninformatiker - Netzwerkadministratoren - Technische Redakteure - Qualitity Systems Manager
	Freie Umweltberufe - Umweltberater - Umweltauditoren - Umweltgutachter - Umweltingenieure

410

---

[410] http://www.smwa.sachsen.de/set/431/katalogberufe.pdf Quelle gesichtet: 14.02.2013

Einfaches Zeugnis für einen Arbeitnehmer

Achtung: _Es ist der übliche Firmenbogen zu verwenden!_

Firma ...., den ....
(Ort)   (Datum)

....

....

Zeugnis

Herr ...., geb. am ....,

(Anschrift) ....

war vom .... bis .... als ....,

bei uns beschäftigt. Während seiner Beschäftigung wurde er mit

.... sowie .... beschäftigt.

Herr .... verlässt uns auf eigenen Wunsch _(Achtung: Die Umstände, die_
zur Beendigung des Arbeitsverhältnisses führen, dürfen nur auf Wunsch des Arbeitnehmers im Zeugnis
stehen). Wir wünschen ihm für die Zukunft alles Gute und danken ihm für die
Zusammenarbeit.

Firma (Unterschrift)

411

---

[411] Unternehmensverbände Handwerk Niedersachsen e. V.

Muster eines guten bis sehr guten qualifizierten Arbeitszeugnisses für eine Sekretärin / Assistentin der Geschäftsführung

---

Arbeitszeugnis *(Überschrift)*

Frau Sabine Mustermann, geboren am 12. Januar 1970 in Hamburg, war in der Zeit vom 1. Juli 2002 bis zum 31. Dezember 2007 in unserem Unternehmen als Assistentin der Geschäftsführung tätig. *(Angaben zu Person, Beschäftigungszeitraum, Position)*

Unser Unternehmen ist spezialisiert auf die Herstellung und den Vertrieb von hochwertigen Spezialteilen für die Elektrotechnik. Wir sind an 20 Standorten mit 3.000 Mitarbeitern weltweit vertreten, von denen sich 4 Standorte mit knapp 800 Mitarbeitern in Deutschland befinden. *(Firmenprofil)*

Neben der anspruchsvollen Führung des Sekretariats der Geschäftsführung, umfasste das Aufgabengebiet von Frau Mustermann die folgenden Tätigkeiten:

- Organisation von nationalen und internationalen Geschäftsreisen
- Erstellen der Korrespondenz
- Vor- und Nachbereitungen von Besprechungen und Sitzungen
- Termin- und Reiseplanung für die Geschäftsführung
- Reisekostenabrechnung
- Übersetzungen deutsch / englisch und englisch / deutsch
- Kunden- und Lieferantenkontakte (In- und Ausland)
- Selbstständige Erstellung von Auswertungen und Statistiken

(Tätigkeitsbeschreibung)

Frau Mustermann verfügt über sehr gute betriebswirtschaftliche Kenntnisse, die sie jederzeit zielgerichtet einsetzte. Ihre Englischkenntnisse sind verhandlungssicher. Sie überzeugte durch ihre große Einsatzbereitschaft und ihr außergewöhnliches Engagement bei der Lösung der täglichen Arbeitsaufgaben. Berufliche Belange hat Frau Mustermann stets vorrangig berücksichtigt und private Belange zurückgestellt. Auch unter höchster Belastung bewältigte sie alle Aufgaben in ausgezeichneter Weise. *(Fachwissen, Beurteilung der Leistung im einzelnen)*

Frau Mustermann hat die genannten Tätigkeiten selbstständig und stets zu unserer vollsten Zufriedenheit erledigt. Sie war für uns eine äußerst wertvolle Mitarbeiterin. *(Zusammenfassende Leistungsbeurteilung)*

Ihr Verhalten gegenüber Vorgesetzten, Mitarbeitern und Externen war immer einwandfrei. Wegen ihres freundlichen und verbindlichen Auftretens war sie stets eine sehr geschätzte Ansprechpartnerin *(Sozialverhalten des Mitarbeiters zu Internen und Externen)*

Frau Mustermann verlässt unser Unternehmen auf eigenen Wunsch. Wir bedauern ihren Entschluss sehr und danken ihr für die sehr gute, langjährige Mitarbeit. Für die berufliche und persönliche Zukunft wünschen wir ihr weiterhin viel Erfolg und alles Gute. *(Schlußformulierung mit Austrittsgrund, Dank, Bedauern, Zukunftswunsch)*

München, 31.12.2007 *(Ort, Ausstellungsdatum)*

Mustermann GmbH *(Firmenname)*

W. Meier *(handschriftliche Unterschrift)*   **D. Schmitz**

Walter Meier   ppa. Dieter Schmitz
Geschäftsführung   Personalleitung
(Name, Zeichnungsberechtigung, Stellung des Unterzeichners)

412

---

[412] http://www.stellenanzeigen.de/media/web/muster/muster_arbeitszeugnis.pdf   Quelle gesichtet: 15.02.2013

Die Zeugnisstruktur

Ein vollständiges qualifiziertes Arbeitszeugnis besteht aus folgenden Abschnitten:

- Einleitung (*Herr/ Frau ... trat am ... in unser Unternehmen ein...*)
- Beruflicher Werdegang (*Herr/ Frau .. wurde zunächst als ... und ab ... als ... eingesetzt...*)
- Beschreibung der zuletzt ausgeübten Tätigkeit (*Zu seinen/ihren Aufgaben zählte:....*)

- Leistung I: Bereitschaft (*z.B. Herr/Frau .. war sehr motiviert/engagiert...*)
- Leistung II: Befähigung (*z.B. Er/Sie war sehr belastbar und beherrschte sein/ihr Aufgabengebiet sehr gut....*)
- Leistung III: Wissen/Weiterbildung (*z.B. Er/Sie verfügt über sehr gute Fachkenntnisse...*)
- Leistung IV: Arbeitsweise (*z.B. Er/Sie führte die Aufgaben selbständig und zielgerichtet aus...*)
- Leistung V: Arbeitserfolg (*z.B. Er/Sie lieferte stets eine überdurchschnittliche Arbeitsqualität...*)
- Leistung VI: Herausragende Erfolge (*z.B. Insbesondere im Bereich ... erzielte er/sie herausragende Ergebnisse*)
- Leistung VII: Führungsleistung (*z.B. Er/Sie leitete Mitarbeiter anforderungsgerecht und motivierte sie zu guten Leistungen*)
- Leistung VIII: zusammenfassendes Leistungsurteil (*z.B. Alle Aufgaben erledigte er/sie stets zu unserer vollen Zufriedenheit*)

- Verhalten I: Verhalten zu Internen (*z.B. Sein/Ihr Verhalten gegenüber Vorgesetzten und Mitarbeitern war stets vorbildlich*)
- Verhalten II: Verhalten zu Externen (*z.B. Geschäftspartnern und Kunden gegenüber trat er/sie höflich, sicher und gewandt auf*)
- Verhalten II: Sonstiges Verhalten (*z.B. Er/Sie ist ein überzeugter Teamworker und fügte sich vorbildlich in neue Projektgruppen ein*)

- Beendigungsformel (*z.B. Herr/ Frau .. verlässt unser Unternehmen auf eigenen Wunsch...*)
- Dankes-/Bedauernsformel (*z.B. Wir bedauern seine/ihre Entscheidung und danken ihm/ihr für die stets sehr guten Leistungen*)
- Zukunftswünsche (*z.B. Wir wünschen ihm/ihr für die Zukunft alles Gute und weiterhin viel Erfolg*)
- Datum
- Unterschrift des Zeugnisausstellers mit Angabe von Rang und Kompetenz

Der Leistungsteil bezieht im Einzelnen Stellung zu:
(Nicht alle, nur die für die Stelle jeweils relevanten Attribute sollten sich im Zeugnis wiederfinden)

Bereitschaft (Wollen)	Befähigung (Können)	Fachwissen/ Weiterbildung	Arbeitsweise/ Arbeitsstil	Arbeitserfolg/ Ergebnisse
Identifikation	Ausdauer	Inhalt	Selbständigkeit	Qualität
Engagement	Belastbarkeit	Aktualität	Eigenverantwortung	Quantität
Initiative	Flexibilität	Tiefe	Zuverlässigkeit	Verwertbarkeit
Dynamik	Stressstabilität	Anwendung	Sorgfalt	Tempo
Pflichtbewusstsein	Auffassungsgabe	Nutzen	Gewissenhaftigkeit	Intensität
Zielstrebigkeit	Urteilsvermögen		Planung	Produktivität
Energie	Konzentration	Eigeninitiative	Systematik	Umsatz
Fleiß	Organisationstalent	Bildungserfolg	Methodik	Rendite
Interesse	Kreativität	Zertifikate	Sicherheit	Termintreue
Einsatzwille			Hygiene	Zielerreichung
Mehrarbeit				Sollerfüllung
Konkrete herausragende Erfolge		Führungsleistung (bei Vorgesetzten)		Leistungszusammenfassung (=Gesamtnote)

Der Verhaltensteil bezieht im Einzelnen Stellung zu:
(Nicht alle, nur die für die Stelle jeweils relevanten Attribute sollten sich im Zeugnis wiederfinden)

Verhalten zu Internen (Vorgesetzte, Kollegen)	Verhalten zu Externen (Kunden, Geschäftspartner)	Soziale Kompetenz/ Sonstiges Verhalten
Vorbildlichkeit	Auftreten	Vertrauenswürdigkeit
Teamfähigkeit	Kontaktfähigkeit	Integrität
Kooperation	Gesprächsverhalten	Loyalität
Wertschätzung	Verhandlungsstärke	Diskretion
Anerkennung	Akquisitionsfähigkeit	Kompromissbereitschaft
Beliebtheit	Kundenzufriedenheit	Durchsetzungsfähigkeit
		Überzeugungsvermögen

---

[413] http://www.arbeitszeugnis.de/images/Zeugnisstruktur.pdf Quelle gesichtet: 14.02.2013

Zeugnisse bewerten Arbeitnehmer positiver

Deutsche Arbeitgeber sind offenbar zufriedener mit ihren Beschäftigten. Das zeigen deutlich bessere Arbeitszeugnisse als noch vor Jahren. Ein Gericht sagt zudem, zu freundliche Bewertungen kann es gar nicht geben. von Sabine Meinert [414]

---

[414] www.ftd.de/karriere/karriere/:job-studie-zeugnisse-bewerten-arbeitnehmer-positiver/50085585.html
Quelle gesichtet. 14.02.2013

Von Jochen Mai am 17. April 2010 - 9:00 Uhr // 4 Kommentare

Arbeitszeugnis – Werden Arbeitnehmer tatsächlich immer besser?

Es geht bergauf, jedenfalls auf den ersten Blick. Drei Viertel aller Arbeitszeugnisse bescheinigen ehemaligen Mitarbeitern inzwischen mindestens die Note *gut*. Zu diesem Ergebnis kommt jetzt eine Studie (pdf) von Personalmanagement Service, bei der über 1000 Arbeitszeugnisse ausgewertet wurden.

DIE ERGEBNISSE IM DETAIL

35,1 Prozent der Zeugnisse trugen die Gesamtnote *gut*.

33,2 Prozent die Auszeichnung *sehr gut*.

15,8 Prozent bescheinigten *befriedigende* Leistungen.

8,8 Prozent erhielten die Zwischennote 1,5.

3,3 Prozent der Arbeitnehmer konnten nur *ausreichend* überzeugen.

- 1,8 Prozent wurden entweder mit 2,5 oder 3,5 bewertet.
- 0,2 Prozent der Zeugnisse wurden mit der Note 5 bewertet.

Gegenüber einer 1994 erstellten, vergleichbaren Studie hat sich die Anzahl der *sehr guten* Bewertungen damit verdreifacht, während die Zahl der *befriedigenden* Noten um die Häfte abnahm. Damals lag der Notendurchschnitt insgesamt bei 2,4, heute kommen die Arbeitnehmer auf eine 1,9. Chapeau! [415]

---

[415] http://karrierebibel.de/arbeitszeugnis-werden-arbeitnehmer-tatsachlich-immer-besser/ Quelle gesichtet: 14.02.2013

Mein Arbeitszeugnis
Das Zeugnisportal

Ze

Alles, nur nicht vor Gericht!

Veröffentlicht | 8. März 2010 | Keine Kommentare

Im Namen des Volkes

Urteil

Entweder Arbeitgeber sind heut-zutage zufriedener mit ihren Mitarbeitern oder sie scheuen einfach nur die juristische Auseinandersetzung in punkto Arbeitszeugnis. Wie sonst wäre erklären, dass eine aktuelle Studie einen deutlichen Trend zu großzügigeren Leistungsbeurteilungen wahrnimmt.

So hat der Dienstleister PMS Personalmanagement Service in Berlin offenbar kürzlich herausgefunden, dass die Leistungsbeurteilungen in den vergangenen 15 Jahren deutlich positiver geworden sein sollen. Während 1994 die Zufriedenheit der Arbeitgeber mit ihren Mitarbeitern – in Noten ausgedrückt - bei 2,4 gelegen habe, zeige die aktuelle Auswertung nun einen Schnitt von 1,9. Die Initiatoren der Studie gehen laut FTD davon aus, dass die Arbeitgeber immer häufiger klein beigeben, um den finanzellen Aufwand eines Gerichtsverfahrens zu vermeiden.

[416]

---

[416] http://www.mein-arbeitszeugnis.com/kein-bock-auf-arger-vor-gericht/
Quelle gesichtet: 14.02.2013

Positive Zeugnisse nehmen immer mehr zu – Zeugnismängel auch!

16. August 2010

In einer der größten Zeugnisstudien in Deutschland untersuchte Dr. Holger Münch die Notenvergabe in qualifizierten Arbeitszeugnissen Die Studie wurde von Personalmanagement Service GmbH (PMS) im März 2010 veröffentlicht. Dr. Münch vergleicht die Resultate mit den Ergebnissen einer Studie Weusters von 1994 und kann so die Entwicklung in der Bewertung von Arbeitnehmern beschreiben.

Er kommt zu dem Ergebnis, dass die Gesamtnoten in Arbeitszeugnissen heute deutlich positiver ausfallen als vor 15 Jahren, dass aber in rund drei Viertel aller Zeugnisse gravierende Mängel enthalten sind, so dass die guten bis sehr guten Leistungsbewertungen in vielen Fällen unglaubwürdig sind. Wir [417]

---

[417] http://www.business-netz.com/Personal-Praxis/Gravierende-Maengel-im-Arbeitszeugnis Quelle gesichtet: 14.02.2013

Nicht alle Beurteilungen glaubwürdig

Untersucht wurde gleichzeitig aber auch die Glaubwürdigkeit der Leistungsbeurteilung. Wenn Aussagen zum Fachwissen, zu Leistungsaspekten oder zum Verhalten vollständig fehlten oder von der Gesamtbewertung deutlich abwichen, wurde das Zeugnis als weniger glaubwürdig eingestuft. Auch formale Mängel oder die fehlende Dankesformel beziehungsweise fehlende Zukunftswünsche setzten die Glaubwürdigkeit der Gesamtnote herab. Nur 963 Zeugnisse ohne gravierende Abweichungen wurden daher in die Statistik einbezogen.

Die Studie zeigt: Etwa ein Drittel der Zeugnisse entsprach der Note 1, gut 35 Prozent der Note 2. Bezieht man die Zwischenstufen mit ein, weisen mehr als drei Viertel aller untersuchten Arbeitszeugnisse eine gute oder bessere Bewertung auf. In der Bewertung von Frauen und Männern konnte kein signifikanter Unterschied festgestellt werden.

Gesamtnote Arbeitszeugnisse

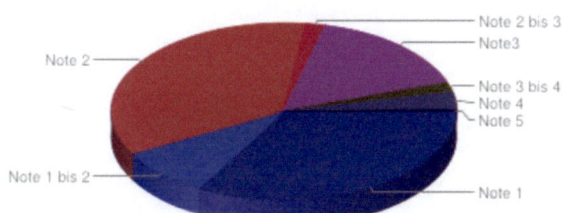

Fakt ist: Die Bedeutung der Arbeitszeugnisse nimmt zu. Beschäftigte wechseln inzwischen häufiger den Arbeitsplatz als noch in den 90ern. Viele arbeiten als Teilzeitbeschäftigte oder brauchen mehrere Jobs, um ihren Lebensunterhalt zu verdienen. Arbeitnehmer lesen deshalb ihre Zeugnisse sehr genau und fordern eine adäquate Bewertung, wenn sie sich zu schlecht beurteilt fühlen.

[418]

---

[418] http://www.ftd.de/karriere/karriere/:job-studie-zeugnisse-bewerten-arbeitnehmer-positiver/50085585.html Quelle gesichtet. 14.02.2013

Lob unglaubwürdig

Gefälligkeitszeugnis.Ein vor Lob überschäumendes Einser-Zeugnis ist keinesfalls eine Garantie für optimale Erfolgschancen bei einer Neubewerbung – jedenfalls nicht, wenn sich die Lobeselogen allzu auffällig als Teil eines Gefälligkeitszeugnisses entpuppen. Warum? Hinter einem Gefälligkeitszeugnis verbirgt sich meist eine unfreiwillige Beendigung des Arbeitsverhältnisses. Gerät das Zeugnis also trotz kurzer Beschäftigungsdauer sehr umfangreich und reiht pauschale Superlative ohne wirklich persönliche Würdigung aneinander, dann handelt es sich augenscheinlich um ein Gefälligkeitszeugnis. Insbesondere bei Insolvenzen und betriebsbedingten Kündigungen ist Vorsicht geboten.

Sie sollten sich übrigens nicht darauf verlassen, dass Sie Ihr Personalleiter auf mögliche Fehler aufmerksam macht. Dieser hat erfahrungsgemäß kein Interesse, seinen Mitarbeitern die Feinheiten der Zeugnissprache zu erklären. Und auch wenn der selbst entworfene Zeugnistext komplett übernommen wird, bleibt dem Arbeitgeber noch Raum für eine Distanzierung: Wenn der Arbeitgeber nicht über, sondern unter der maschinenschriftlichen Namenswiederholung unterschreibt.

[419]

---

[419] http://www.womenweb.de/lifestyle-und-trends/beruf-und-karriere/arbeitszeugnisse.3.lob-unglaubwuerdig.html Quelle gesichtet 08.03.2013

Sind Arbeitszeugnisse bald Geschichte?

VON SIMONE JANSON - zuletzt aktualisiert: 04.10.2010 - 10:05

Düsseldorf (RPO). Arbeitszeugnisse sollen potenziellen Arbeitgebern helfen, Bewerber besser einzuschätzen – in Zeiten, in denen Jobwechsel immer häufiger vorkommen, ein zunehmend wichtiges Instrument. Doch nun gibt es Kritik an der Glaubwürdigkeit des liebgewordenen Leistumgsnachweises.

Eine aktuelle Studie der Personal Management Service (PMS) GmbH in Berlin, die 1100 Arbeitszeugnisse von Beschäftigten aller Branchen, Berufs- und Altersgruppen in anonymisierter Form auswertete, zeigt: Arbeitgeber vergeben heutzutage dreimal so oft „sehr gute" Bewertungen wie noch 1994, im gleichen Zeitraum hat sich die Anzahl „befriedigender" Noten halbiert.und der Anteil „guter Bewertungen" ist ebenfalls deutlich (um rund 12 Prozent) geschrumpft. Auch „ausreichende" Zeugnisse sind heute deutlich seltener.

MEHR ZUM THEMA

Arbeitszeugnisse: die wichtigsten Argumente Pro und Contra ▸▸

Das heißt aber nicht zwingend, dass die Arbeitnehmer heute bessere Leistungen erbringen als vor 15 Jahren. Untersucht wurde in der Studie nämlich auch die Glaubwürdigkeit der Leistungsbeurteilung. So fehlten in 137 Zeugnissen u.a. Aussagen zum Fachwissen, zu Leistungsaspekten oder zum Verhalten oder aber diese wichen von der Gesamtbewertung deutlich ab. Auch formale Mängel oder die fehlende Dankesformel ließen das Zeugnis weniger glaubhaft erscheinen. Nur 963 Zeugnisse ohne gravierende Abweichungen wurden daher überhaupt statistisch ausgewertet.

420

---

[420] http://www.rp-online.de/wirtschaft/beruf/sind-arbeitszeugnisse-bald-geschichte-1.2410809   Quelle gesichtet: 14.02.2013

KARRIERE SPIEGEL

● Home   ● Berufsstart   ● Berufsleben   ● Ausland   ● Stellensuche   ● Jobtitel-Ba

Thema Von Rechts wegen » ▣

05.04.2012   Drucken | Senden | Feedback | Merken

Von Rechts wegen

Du sollst nicht falsch Zeugnis geben

Von Christof Kleinmann

Tschüs, Chef: Arbeitnehmer haben Anspruch auf warme Worte in Zeugnissen

Gelogen wird in Firmen jeden Tag, gerade in Arbeitszeugnissen. "Wohlwollend" sollen sie formuliert sein. Das führt oft zu Knatsch zwischen Chef und Angestellten: Wann ist ein Lob ehrlich, wann ist Gift versteckt in einem Geheimcode, den Personaler sofort entschlüsseln?

421

421

http://www.google.de/url?sa=t&rct=j&q=&esrc=s&source=web&cd=2&ved=0CDwQFjAB&url=http%3A%2
F%2Fwww.spiegel.de%2Fthema%2Fvon_rechts_wegen_karrierespiegel%2F&ei=nfwcUafqBpHNswa5vICY
BQ&usg=AFQjCNFYvEFS5oyx303H8SppYQemLHzMoQ&sig2=N0iwD7oy3ZSwcaplnKig2w&bvm=bv.4
2452523,d.Yms Quelle gesichtet: 14.02.2013

Über uns | Kontakt | Impressum | AGB

Sie befinden sich hier: Start / Arbeitszeugnis Code

GEHEIMER ZEUGNISCODE

So knacken Sie den Arbeitszeugnis-Geheimcode

Wenn der Jurist und Hobbykoch Dr. Alfred Biolek mit seiner ARD-Kochshow "Alfredissimo" auf Sendung geht, fällt nie ein böses Wort. Selbst wenn sein prominenter Gast etwas Ungenießbares gekocht hat, findet Biolek noch lobende Worte ("Nicht schlecht"). Doch wer annimmt, Biolek behandle alle Gäste gleich freundlich, der irrt. Wer genau hinschaut erkennt hierbei ein Wertesystem, dass trotz allen Wohlwollens vernichtend sein kann und das dem der Zeugnissprache verblüffend ähnlich ist. Nur wer dieses Prinzip verstanden hat, kann Zeugnisaussagen treffsicher übersetzen. Nehmen Sie sich einige Minuten Zeit und lassen Sie sich in zehn Abschnitten die Eigenheiten der Zeugnissprache erläutern.

Übersicht:

1. Die Furcht vor Geheimcodes

2. Die Geschichte des Arbeitszeugnisses

3. Das Anrecht auf ein wahres und wohlwollendes Zeugnis

4. Alfred Bioleks "Geheimcode"

5. Die Notenskala im Zeugnis

6. Verschlüsselungstechniken - die "wahren" Geheimcodes

7. Anspruch auf ein Abschlusszeugnis

8. Anspruch auf ein Zwischenzeugnis

9. Der Stellenwert des Zeugnisses heute

10. Zu guter letzt

1. Die Furcht vor Geheimcodes

Bei jedem Stellenwechsel kommt dem Arbeitszeugnis eine zentrale Bedeutung zu. Hierbei ist für viele Arbeitnehmer die Auseinandersetzung mit dem eigenen Zeugnis ein sehr unangenehmes Thema, fühlt man sich doch dem Wohlwollen des Arbeitgebers ausgeliefert. Und da wohl kaum ein beendetes Beschäftigungsverhältnis gänzlich frei von Konflikten war, fürchtet auch so mancher, dass sich versteckte negative Aussagen zwischen den Zeilen befinden könnten, sogenannte "Geheimcodes". Doch diese sind nach §109 Absatz 2 GewO (Gewerbeordnung) unzulässig, hier heißt es:

"Das Zeugnis muss klar und verständlich formuliert sein. Es darf keine Merkmale oder Formulierungen enthalten, die den Zweck haben, eine andere als aus der äußeren Form oder aus dem Wortlaut ersichtliche Aussage über den Arbeitnehmer zu treffen."

Ein "Geheimcode" ist also nur zu identifizieren, wenn man seine Übersetzung kennt. Denn

422

---

[422] http://www.arbeitszeugnis.de/arbeitszeugnis-code.php Quelle gesichtet: 15.02.2013

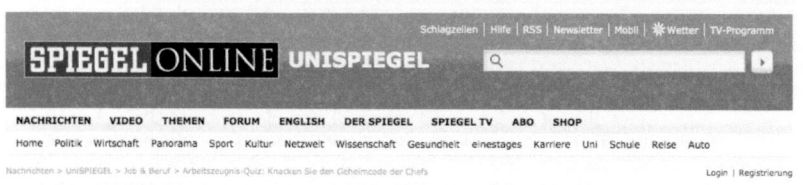
Arbeitszeugnis-Quiz: Knacken Sie den Geheimcode der Chefs

Die Sprache in Arbeitszeugnissen ist blumig, doppelbödig, tückisch. Selbst verbale Ohrfeigen werden noch nett verpackt. Wer weiß schon, ob ein Lob ehrlich gemeint ist oder doch raffiniert verstecktes Gift umhüllt? Mit dem Klartext-Test können Sie bei SPIEGEL ONLINE herausfinden, was Ihre Zeugnisse wirklich wert sind.

☐ Mittwoch, 18.08.2004 – 09:18 Uhr

☐ Drucken | Versenden | Merken | Feedback

🐦 Twittern 4   📘 Empfehlen 0   🔲 +1

MEHR AUF SPIEGEL ONLINE

Arbeitszeugnis-Quiz: Knacken Sie den Geheimcode der Chefs

Arbeitszeugnis-Quiz: Knacken Sie den Geheimcode der Chefs

Bürogezeter: Das kleine Schimpfwort-ABC

Arbeitsmarkt: Einmal Bewerber auf Eis, bitte (15.07.2004)

Fußangeln beim Berufsstart: "Grüßen Sie immer den Hausmeister" (03.06.2005)

Akademische Billigarbeiter: Jung, diplomiert, zum Schnäppchenpreis (21.07.2004)

Gehaltscoach Wehrle: Die Geheimnisse der Chefs (19.04.2004)

Praktikumszeugnisse: Vergiftetes Lob (29.04.2004)

Gehaltsreport: Was Akademiker wirklich verdienen

MEHR IM INTERNET

Arbeitszeugnis-Analyse von PersonalMarkt

Wer ein Unternehmen verlässt, hat einen Rechtsanspruch auf ein Arbeitszeugnis. Diese Regel gilt, seitdem das Bürgerliche Gesetzbuch (BGB) am 1. Januar 1900 in Kraft getreten ist. Mehr noch: Die Formulierungen sollen wohlwollend ausfallen und dem scheidenden Mitarbeiter keine Steine in den Berufsweg legen, zugleich aber der Wahrheit verpflichtet sein.

DDP; mm.de

Vorsicht, Fallen: Du sollst nicht falsch Zeugnis ablegen

Die Wirklichkeit sieht oft genug anders aus. Im Dschungel der Zeugnisfloskeln finden sich nur die wenigsten Beschäftigten zurecht. Und so kann die erste Freude über das frisch ausgestellte Arbeitszeugnis schnell in bohrende Zweifel umschlagen. Viele Sätze klingen vordergründig freundlich oder gar übertrieben - und trotzdem lesen Experten zwischen den Zeilen, dass der Arbeitnehmer ein fauler, inkompetenter Kretin war.

Heimtückische Komplimente im Arbeitszeugnis sind bei der Jobsuche die Pest. Wie gut kennen Sie sich aus im Gestrüpp mehrdeutiger Formulierungen, verschlüsselter Botschaften und geschickt getarnter Leerstellen? Wissen Sie, wofür die Floskel von der "Trennung in gegenseitigem Einvernehmen" steht und was die Aussage "Er zeigte ein gesundes Selbstvertrauen" tatsächlich bedeutet?

Die Lösung des Rätsels ist mitunter verblüffend. Für SPIEGEL ONLINE hat die Hamburger Karriere- und Vergütungsberatung PersonalMarkt, die auch Arbeitszeugnis-Analysen anbietet, einen Test entwickelt. Damit können Sie 14 gängige Aussagen auf ihren wahren Gehalt überprüfen: 423

---

http://www.google.de/url?sa=t&rct=j&q=&esrc=s&source=web&cd=1&ved=0CDIQFjAA&url=http%3
A%2F%2Fwww.spiegel.de%2Funispiegel%2Fjobundberuf%2Farbeitszeugnis-quiz-knacken-sie-den-
geheimcode-der-chefs-a-
313249.html&ei=Jv4cUfb5EoOJtAaG2YD4CA&usg=AFQjCNGJZdDNyvHivD51ALy1kWeEEfCs8Q&
sig2=-4DSeOkZDZ-2T3UUoHCPwQ&bvm=bv.42452523,d.Yms Quelle gesichtet: 15.02.2013

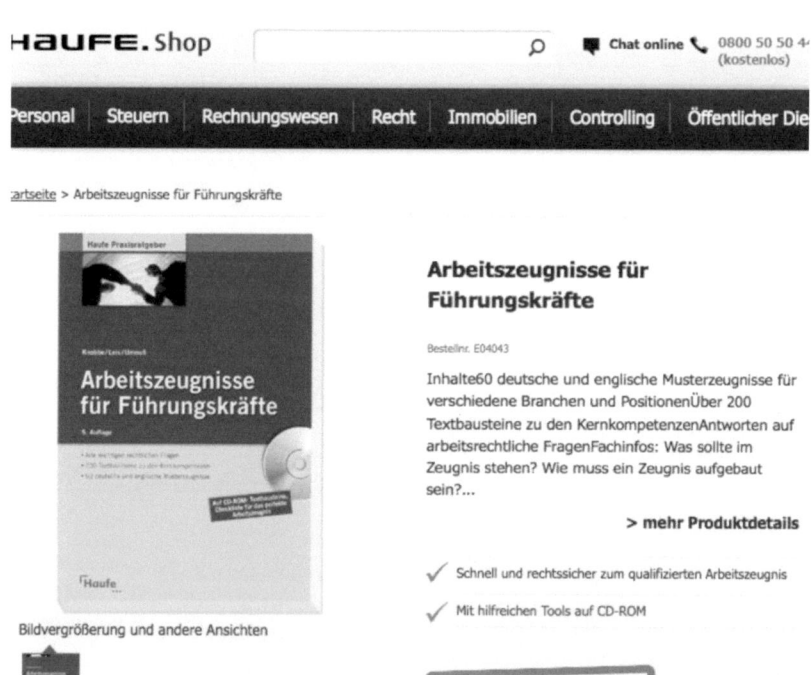

HƏUFE.Shop   🔍   💬 Chat online   📞 0800 50 50 4·
(kostenlos)

| Personal | Steuern | Rechnungswesen | Recht | Immobilien | Controlling | Öffentlicher Die |

:artseite > Arbeitszeugnisse für Führungskräfte

Arbeitszeugnisse für Führungskräfte

Bestellnr. E04043

Inhalte60 deutsche und englische Musterzeugnisse für verschiedene Branchen und PositionenÜber 200 Textbausteine zu den KernkompetenzenAntworten auf arbeitsrechtliche FragenFachinfos: Was sollte im Zeugnis stehen? Wie muss ein Zeugnis aufgebaut sein?...

> **mehr Produktdetails**

✓ Schnell und rechtssicher zum qualifizierten Arbeitszeugnis

✓ Mit hilfreichen Tools auf CD-ROM

Bildvergrößerung und andere Ansichten

BESTELLUNG VERSANDKOSTENFREI

424

Zeugnis-Analyse

Ob Ihr Arbeitszeugnis einen geheimen Zeugnis-Code enthält und wie Ihr Arbeitgeber Sie wirklich beurteilt, erfahren Sie durch eine professionelle Zeugnis-Analyse vom Rechtsanwalt.

Arbeitszeugnis schreiben

Wenn Sie Ihr Arbeitszeugnis schreiben oder überarbeiten lassen möchten, dann bestellen Sie die Zeugnisüberarbeitung für Führungskräfte.

425

424

http://www.google.de/url?sa=t&rct=j&q=&esrc=s&source=web&cd=3&sqi=2&ved=0CE4QFjAC&url=h
ttp%3A%2F%2Fshop.haufe.de%2Farbeitszeugnisse-fuer-
fuehrungskraef-
te&ei=qf4cUdy9CsfKsgbX54CQAw&usg=AFQjCNEbigPXFIVswG4nbq14IifZECu6Ww&sig2=RX_1z
J0Ti6qQ5aHubZaviw&bvm=bv.42452523,d.Yms Quelle gesichtet: 15.02.2013

425

http://www.google.de/url?sa=t&rct=j&q=&esrc=s&source=web&cd=2&ved=0CDwQFjAB&url=http%3
A%2F%2Fwww.arbeitszeugnis-fuer-
fuehrungskraef-
te.de%2F&ei=4f8cUYm3OY_HsgakjIGYAg&usg=AFQjCNHnBiQs1rxkkDuWD5rHYvjTu5tL9g&sig2
=_uUyyM8lf1WUkLj_gdlWdA&bvm=bv.42452523,d.Yms Quelle gesichtet: 15.02.2013

115

Qualifiziertes Arbeitszeugnis - Vorlagen erleichtern die tägliche Arbeit

Als Arbeitgeber ohne große Personalabteilung muss man neben all den alltäglichen Pflichten von Zeit zu Zeit Stellen ausschreiben, Arbeitsbereiche definieren oder Zeugnisse ausstellen. Damit diese notwendigen Arbeitsschritte nicht allzu viel Zeit in Anspruch nehmen, gibt es fachlich korrekte Arbeitsvorlagen. Solche Muster können den Alltag erheblich erleichtern, vor allem wenn es um die Erstellung von Arbeitszeugnissen geht. Ein qualifiziertes Arbeitszeugnis ist mit Vorlagen eben viel einfacher, schneller und somit effizienter zu erstellen.

Individuelles und qualifiziertes Arbeitszeugnis aus Vorlagen erstellen

Wer ohne großen Aufwand ein qualifiziertes Arbeitszeugnis aus Vorlagen erstellen möchte, ist beim Download-Portal von Vorlagen.de genau richtig. Hier gibt es Arbeitszeugnisse mit den Bewertungen sehr gut, gut und befriedigend – denn auf die unterschiedlichen Formulierungen kommt es bei den Zeugnissen an. Auch die Unterscheidung nach Positionen macht Sinn, wenn man bedenkt, dass sich ein Zeugnis für einen Entwickler eklatant von dem einer Erzieherin unterscheiden sollte. Auf der Basis der Vorlagen fällt es besonders leicht, ein individuelles Zeugnis zu erstellen - der Anpassungsbedarf ist dabei nur minimal.

426

---

[426] http://infoseiten.focus.de/qualifiziertes-arbeitszeugnis-vorlagen.html Quelle gesichtet: 18.02.2013

116

---

[427] http://www.vorlagen24.de/vorlage/-qs-id-vc-16270   Quelle gesichtet: 18.02.2013

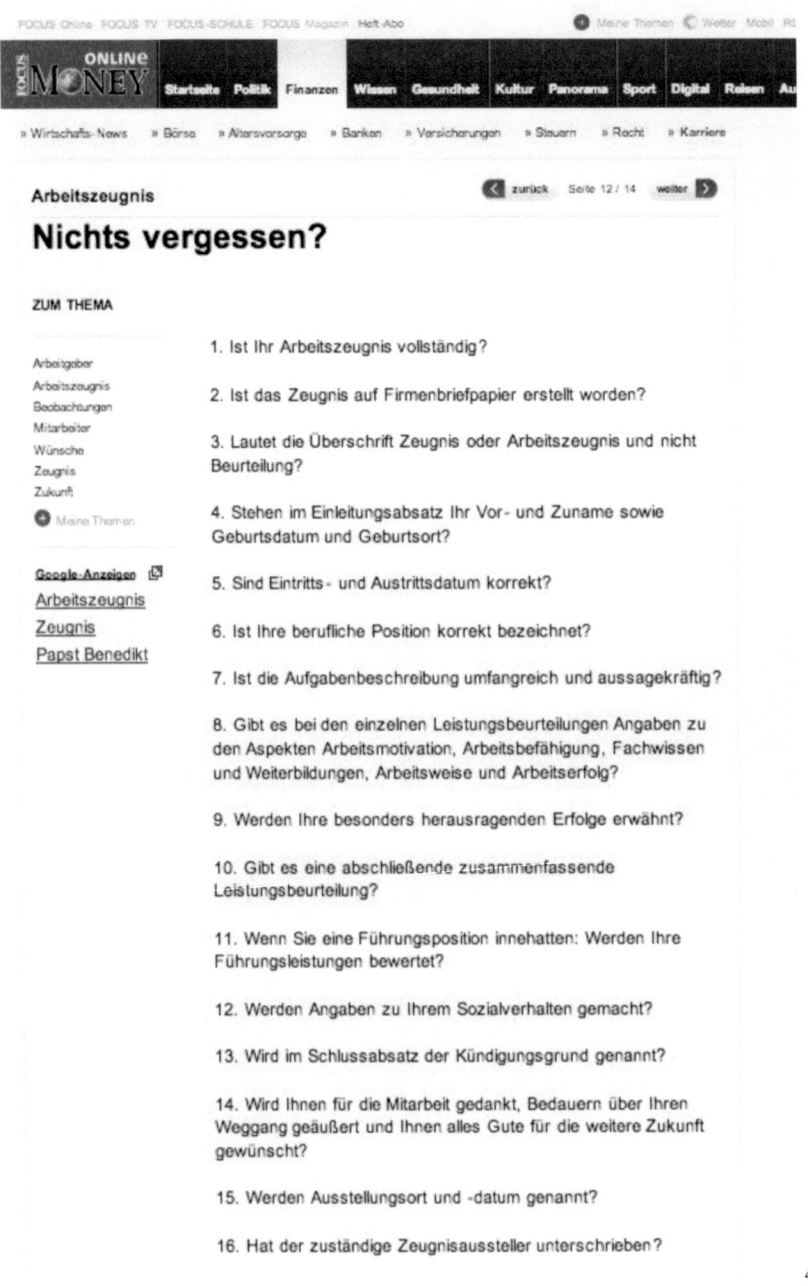

Nichts vergessen?

ZUM THEMA

Arbeitgeber
Arbeitszeugnis
Beobachtungen
Mitarbeiter
Wünsche
Zeugnis
Zukunft

Meine Themen

Google-Anzeigen
Arbeitszeugnis
Zeugnis
Papst Benedikt

1. Ist Ihr Arbeitszeugnis vollständig?

2. Ist das Zeugnis auf Firmenbriefpapier erstellt worden?

3. Lautet die Überschrift Zeugnis oder Arbeitszeugnis und nicht Beurteilung?

4. Stehen im Einleitungsabsatz Ihr Vor- und Zuname sowie Geburtsdatum und Geburtsort?

5. Sind Eintritts- und Austrittsdatum korrekt?

6. Ist Ihre berufliche Position korrekt bezeichnet?

7. Ist die Aufgabenbeschreibung umfangreich und aussagekräftig?

8. Gibt es bei den einzelnen Leistungsbeurteilungen Angaben zu den Aspekten Arbeitsmotivation, Arbeitsbefähigung, Fachwissen und Weiterbildungen, Arbeitsweise und Arbeitserfolg?

9. Werden Ihre besonders herausragenden Erfolge erwähnt?

10. Gibt es eine abschließende zusammenfassende Leistungsbeurteilung?

11. Wenn Sie eine Führungsposition innehatten: Werden Ihre Führungsleistungen bewertet?

12. Werden Angaben zu Ihrem Sozialverhalten gemacht?

13. Wird im Schlussabsatz der Kündigungsgrund genannt?

14. Wird Ihnen für die Mitarbeit gedankt, Bedauern über Ihren Weggang geäußert und Ihnen alles Gute für die weitere Zukunft gewünscht?

15. Werden Ausstellungsort und -datum genannt?

16. Hat der zuständige Zeugnisaussteller unterschrieben?

428

428

http://www.focus.de/finanzen/karriere/arbeitsrecht/arbeitszeugnis/arbeitszeugnis/checkliste_aid_20744.html   Quelle gesichtet: 14.02.2013

2. Die Zeugnisstudien

Die Universität Erlangen-Nürnberg stellte im Mai 2011 das Ergebnis Ihrer Studie vor, in der von 802 ausgewerteten Zeugnissen rund 40 % die Note „sehr gut", rund 50 % die Note „gut", 12 % die Note „befriedigend", 0,6 % die Note „ausreichend" und 0,5 % eine schlechtere Note als ausreichend enthielten. Gestützt wird die Studie durch das Ergebnis einer Auswertung von 963 Arbeitszeugnissen der Personalberatungsgesellschaft „Personalmanagement Services GmbH" aus März 2010, die in rund 33 % die Note „sehr gut", in rund 35 % die Note „gut", in rund 16 % eine durchschnittliche Bewertung, in 3,3 % eine unterdurchschnittliche und in 0,2 % eine mangelhafte Bewertung enthielten.

3. Auswirkungen auf die Darlegungs- und Beweislast?

Angesichts dieser Zahlen (rund 90 % in den von der Universität Erlangen-Nürnberg und rund 70 % in den von der Personalmanagement GmbH überprüften Zeugnissen enthielten die Noten „sehr gut" und „gut") zieht Dahl* (in: Juris PraxisReport, Seite 210 ff.) die Konsequenz, das BAG werde sich bei nächster Gelegenheit mit der Frage auseinandersetzten zu haben, ob die Trenngrenze der Darlegungs- und Beweislast, die zur Zeit bei einer befriedigenden Leistung liegt, auf eine gute Leistung verschoben werden müsse. Denn – so Dahl – die für die Darlegungs- und Beweislast ausschlaggebende Durchschnittsleistung der Arbeitnehmer liege offensichtlich nicht (länger) im Bereich des „befriedigend", sondern im Bereich des „gut".

*vgl. auch Düwell, Franz Josef (Vors. Richter am BAG) und Dahl, Holger „Die Leistungs- und Verhaltensbeurteilung im Arbeitszeugnis" NZA 2011, 958

Autoren

Hiltrud Kohnen
Partnerin und Fachanwältin für Arbeitsrecht

429

---

[429] http://www.hwhlaw.de/index.php?id=650 Quelle gesichtet: 14.02.2013

Sehr gutes Zeugnis
Musterzeugnisse - und was sie bedeuten

Einleitung	Herr Franz-Josef Gutenberg, geboren am 13. März 1952 in Krefeld, trat am 1.1.1979 in unser Kreditinstitut ein.
Aufgaben (Einl.)	Herr Gutenberg war als Sachbearbeiter im Kreditinstitut eingesetzt.
Aufgaben (detailliert)	Zu seinen Aufgaben gehören die Entgegennahme und Überprüfung wie auch die Bearbeitung aller Kreditanträge, ebenso die Überwachung der ausgezahlten Kredite und die Abwicklung des gesamten Schriftwechsels.
Leistungs-Bewertung und Führung	Herr Gutenberg ist ein sehr fähiger und tüchtiger Bankkaufmann. Auf Grund seiner langjährigen Berufserfahrung und großen Gewissenhaftigkeit bearbeitet Herr Gutenberg auch Großkredite. Auch unsere Kunden schätzen ihn als hilfsbereiten und kompetenten Gesprächspartner. Er hat seine Aufgaben stets zu unserer vollsten Zufriedenheit erfüllt.
Sozialverhalten	Auch sein Verhalten gegenüber Vorgesetzten und Kollegen war immer einwandfrei.
Beendigungsformel mit Bedauern	Herr Gutenberg wird seine neue Tätigkeit bei der Kreissparkasse aufnehmen, wo ihm die Stelle eines Abteilungsleiters angeboten worden ist. Wir bedauern sein Ausscheiden zum 31. April 1998 außerordentlich und danken ihm für seine wertvolle Mitarbeit, die maßgeblich zum Erfolg der Abteilung beigetragen hat.
Zukunft und Erfolg	Wir wünschen Herrn Gutenberg auf seinem weiteren Berufs- und Lebensweg alles Gute und weiterhin viel Erfolg. Datum, Unterschrift, Rang/Postition [430]

---

[430] http://www.jobworld.de/bewerbungstipps/arbeitszeugnis/musterzeugnisse-und-was-sie-bedeuten.html
Quelle gesichtet: 15.02.2013

Gutes Zeugnis
Musterzeugnisse - und was sie bedeuten

Einleitung

Herr Theodor Ludwig, geboren am 20. September 1958 in Neuss, wurde ab dem 1. September 1982 nach Abschluß seines Studiums als Sachbearbeiter in der Ausbildungsabteilung eingesetzt.

Aufgaben (Einleitung)

Er war zuständig für die Planung und Organisation sämtlicher Aus- und Fortbildungsmaßnahmen sowie den Entwurf und die Herstellung von Lehr- und Lernmitteln. Außerdem war er als Referent bei Aus- und Fortbildungsveranstaltungen tätig.

Aufgaben (detailliert)

Bereits hier zeigte Herr Ludwig, dass er außerordentlich lern- und leistungswillig ist. Er wurde deshalb auf eigenen Wunsch und zur Verbreiterung seiner Kenntnisse in die Kreditabteilung versetzt. Nach entsprechender Einarbeitung bearbeitete er teils auch schwierige Engagements und führte den damit verbundenen Schriftwechsel.

Ab Oktober war Herr Ludwig aufgrund seiner fundierten Fachkenntnisse und im Zuge seiner beruflichen Förderung als Leiter des Referats Berufsausbildung tätig. Zu diesem Zeitpunkt wurde ihm Handlungsvollmacht erteilt, ab 1. Januar 1990 Prokura. Ab dem 1. Juli 1995 leitete er für ein halbes Jahr zusätzlich zu seinem Aufgabengebiet kommissarisch das Referat Planung und Kontrolle.

Leistungs-Bewertung und Führung, Sozialverhalten

Herr Ludwig verfügt über breites betriebliches Wissen. Durch Überarbeitung sämtlicher Seminarbausteine der Berufsausbildung hat er seinen Wissensstand aktuell gehalten. Mit personalpolitischen Fragestellungen des Verbandes, wie Bewerberwahl, Einstellungstests, Betreuung und Ausbildung, Zusammenarbeit mit dem Betriebsrat, Mitarbeit bei gesamtwirtschaftlichen und gesellschaftspolitischen Fragen in Arbeitskreisen und Kommissionen, ist er vertraut.

Als fachkundiger Referent und Vertreter unseres Hauses in sämtlichen Fragen der Berufsausbildung war er bei Banken und Verbänden akzeptiert und geschätzt. Mit seinen von Engagement und Effizienz geprägten überzeugenden Leistungen stellte er uns voll zufrieden. In seinem Referat schuf er ein produktives und anregendes Arbeitsklima, in dem sich auch anspruchsvolle Mitarbeiter wohl fühlten.

Seine Führung war jederzeit einwandfrei. Die Zusammenarbeit mit ihm verlief aufgrund seines sicheren Auftretens, seiner teamorientierten Arbeitsweise, seiner Zuverlässigkeit und Vertrauenswürdigkeit sehr angenehm.

Beendigungsformel mit Bedauern, Zukunft und Erfolg

Herr Ludwig hat das Arbeitsverhältnis auf eigenen Wunsch zum 29. Februar gekündigt, um sich finanziell zu verbessern. Wir bedauern diesen Entschluß, danken ihm für die langjährige Mitarbeit und wünschen ihm für die Zukunft alles Gute. [431]

---

[431] http://www.jobworld.de/bewerbungstipps/arbeitszeugnis/musterzeugnisse-und-was-sie-bedeuten.html
Quelle gesichtet: 15.02.2013

Gutes bis befriedigendes Zeugnis
Musterzeugnisse - und was sie bedeuten

Überschrift	Zeugnis
Einleitung	Frau Barbara Koschnik, geboren am 15. September 1963 in Rotenburg ob der Tauber, absolvierte in der Zeit vom 1. September 1981 bis zum 30. März 1984 eine Ausbildung zur Bankkauffrau in unserem Hause. Hierüber liegt ein gesondertes Zeugnis vor.
Aufgaben (Einleitung)	Nach erfolgreichem Abschluß ihrer Ausbildung übernahmen wir Frau Koschnik in ein unbefristetes Angestelltenverhältnis.
Aufgaben (detailliert)	Zunächst beschäftigten wir sie über einen Zeitraum von vier Jahren in unserer Zweigstelle in ... Ihr Aufgabengebiet umfaßte zunächst die Giro-Disposition und ab März 1986 schwerpunktmäßig alle Tätigkeiten am Schalter mit abschließender Beratung und Kundenbetreuung im allgemeinen Bankgeschäft. Daneben nahm Frau Koschnik in allen Stadtbereichen der Zweigstelle Vertretungen sowie interne Kontrollen und Sonderaufgaben wahr.
	Im Rahmen der Bezirks-Personalreserve kam Frau Koschnik ab dem 1. November 1987 zum Zwecke ihrer weiteren beruflichen Entwicklung im Klassischen Kreditgeschäft in unserer Hauptbank zum Einsatz. Hier wurde sie insbesondere mit der laufenden Überwachung von Engagements, dem Aufbereiten der Unterlagen für Kreditgespräche und -entscheidungen sowie der Gliederung und Analyse von Jahresabschlüssen betraut. Auch die Unterweisung der Auszubildenden in diesem Bereich konnte ihr bedenkenlos übertragen werden.
Leistungsbewertung und Führung	Frau Koschnik hat sich der ihr übertragenen Aufgaben stets mit großem Engagement angenommen und diese zügig und zuverlässig zu unserer vollen Zufriedenheit bewältigt. Neben der Praxis erweiterte sie in bankinternen Seminaren ständig ihr Fachwissen.
Sozialvehalten	Aufgrund ihrer Aufgeschlossenheit und Hilfsbereitschaft wurde Frau Koschnik geschätzt und war wegen ihres höflichen, zuvorkommenden Auftretens allseits gern gesehen. Ihre Führung war ohne jeden Tadel.
Beendigungsformel mit Bedauern	Mit Ablauf des heutigen Tages scheidet Frau Koschnik aus eigenem Wunsch aus unserem Unternehmen aus, um ein Studium aufzunehmen.
Zukunft und Erfolg	Wir wünschen ihr für die Zukunft alles Gute und viel Erfolg. Ort, Datum, Unterschrift (nur handschriftlich, ohne Rang/Position)

432

---

[432] http://www.jobworld.de/bewerbungstipps/arbeitszeugnis/musterzeugnisse-und-was-sie-bedeuten.html
Quelle gesichtet: 15.02.2013

Befriedigendes Zeugnis

Musterzeugnisse - und was sie bedeuten

Einleitung	Herr Walter Fuhrig, geboren am 2. August 1955 in Gevelsberg, war in der Zeit vom 1. April bis zum 31. März 1993 im Business-Management unseres Hauses als Händlerberater tätig.
Aufgaben (Einleitung)	Seine Aufgabe bestand darin, die Händlerschaft unseres Hauses in einem geographischen Bereich auf betriebswirtschaftlicher Basis zu beraten.
Aufgaben (detailliert)	Diese Beratungstätigkeit erstreckte sich auf die gemeinsame Erarbeitung von Lösungsmöglichkeiten zu Fragen des organisatorischen Aufbaus des Händlerbetriebes, die Erstellung von Bilanz-Analysen, die Erarbeitung von Betriebs-Vergleichen auf Bilanzzahlenbasis und den vom Händlerberater zu erstellenden Ist-Aufnahmen. Daneben gehörte es zu Herrn Fuhrigs Aufgaben, in den Händlerbetrieben eine permanente Schwachstellen-Kontrolle in organisatorischer und betriebswirtschaftlicher Hinsicht durchzuführen.
Leistungs-Bewertung und Führung	Herr Fuhrig hat die ihm übertragenen Aufgaben stets zu unserer Zufriedenheit durchgeführt. Es gelang ihm, sich in die Besonderheiten der Branche schnell einzuarbeiten, wobei ihm seine wache Intelligenz sehr zustatten kam. Wir können Herrn Fuhrig testieren, daß sein Arbeitsinteresse, seine Einsatzbereitschaft, Zuverlässigkeit und Selbstlosigkeit wie auch sein Verantwortungs- und Kostenbewußtsein als überdurchschnittlich bezeichnet werden müssen.
Sozialverhalten	Herr Fuhrig hatte einen guten Kontakt zu unseren Geschäftspartnern, seinen Vorgesetzten und Kollegen. Sein dienstliches und außerdienstliches Verhalten war stets ohne jeden Tadel.
Beendigungsformel mit Bedauern; Zukunft und Erfolg	Herr Fuhrig verlässt uns auf eigenen Wunsch. Wir bedauern seinen Weggang und wünschen ihm einen weiterhin erfolgreichen Berufs- und Lebensweg. Ort, Datum, Unterschrift, Rang/Position [433]

[433] http://www.jobworld.de/bewerbungstipps/arbeitszeugnis/musterzeugnisse-und-was-sie-bedeuten.html
Quelle gesichtet: 15.02.2013

Ausreichendes Zeugnis
Musterzeugnisse - und was sie bedeuten

Einleitung

Herr Hans-Peter Brieglob, geboren am 13. Mai 1965 in Aarau/ Österreich, trat am 1. September 1995 als Ausbildungskraft in die Dienste unseres Hauses ein.

Aufgaben (Einleitung)

Zur Vorbereitung auf einen späteren Einsatz im Personaleinstellungs- und -betreuungsbereich haben wir Herrn Brieglob zunächst für elf Monate in unsere Stuttgarter Niederlassung delegiert.

Aufgaben (detailliert)

Gemäß seinem Ausbildungsplan wurde er anfänglich für zwei Monate in einer Zweigstelle eingesetzt. Ein dreimonatiger Durchlauf in der Ausbildungsabteilung schloß sich an. Danach absolvierte Herr Brieglob eine viermonatige Ausbildung in der Personalverwaltung. Schließlich wurde er zur weiteren Vertiefung und Abrundun seiner Kenntnisse mit der Bearbeitung von Krediten betraut. Dabei nahm er auch regelmäßig an Beratungsgesprächen teil.
Ab August 1996 setzte Herr Brieglob seine Ausbildung in unserer Filiale in Sindelfingen fort. Dort gehörten zu seinen Aufgaben

- die Mitwirkung bei Einstellungsgesprächen
- die vorherige Sondierung von Bewerbungsunterlagen bei größeren Ausschreibungsaktionen
- das Erstellen von Zeugnissen und Arbeitsbescheinigungen
- die Teilnahme an Beratungsgesprächen sowie
- die Bearbeitung von Kreditwünschen unserer Mitarbeiter.

Leistungs-Bewertung und Führung

Herr Brieglob war ein einsatzfreudiger und interessierter Mitarbeiter, der alle Ausbildungsmöglichkeiten nutzte. Die ihm übertragenen Aufgaben erledigte er überwiegend selbständig, sorgfältig und termingerecht zu unserer Zufriedenheit.

Sozialverhalten

Herr Brieglob war ein allgemein geachteter Mitarbeiter, der sich aktiv in die Betriebsgemeinschaft einfügte. Sein Verhalten gegenüber Vorgesetzten war korrekt.

Beendigungsformel mit Bedauern

Wir bedanken uns und bedauern sein Ausscheiden zum 30. September 1996. Zukunft und Erfolg Für die Zukunft wünschen wir ihm alles Gute und auch Erfolg.
Stuttgart, den 21. Januar 1997
Unterschrift, Rang/Position

434

---

[434] http://www.jobworld.de/bewerbungstipps/arbeitszeugnis/musterzeugnisse-und-was-sie-bedeuten.html
Quelle gesichtet: 15.02.2013

Mangelhaftes Zeugnis
Musterzeugnisse - und was sie bedeuten

Einleitung

Frau Marianne Lustig, geboren am 28. Februar 1964 in Bielefeld, war in der Zeit vom 1.3.1991 bis zum 20.3.1996 als Vertriebsleiterin bei dem freien Sender KO-TV beschäftigt.

Aufgaben (Einleitung)

Das von ihr zu betreuende Gebiet umfasste die Bundesrepublik Deutschland, Österreich und die Schweiz. In dieser Funktion war sie der Geschäftsführerin direkt unterstellt. Da Frau Lustig ihre Tätigkeit zur gleichen Zeit aufnahm, in der auch das Unternehmen gegründet wurde, unterstand ihr der gesamte Aufbau in Abstimmung mit der Geschäftsführung:

Aufgaben (detailliert)

1. Erarbeitung einer Vertriebskonzeption
2. Erstellung und Beschaffung sämtlicher organisatorischen Mittel für den Vertrieb
3. Aufbau einer Außendienstorganisation
4. Aufbau eines Kundenstamms
5. Entwicklung und Umsetzung eines Berichtwesens mit dem Außendienst und der Geschäftsleitung
6. In Zusammenarbeit mit unserer EDV-Abteilung Generierung und Implementierung eines Programms zur Kundenbetreuung, Termin- und Auftragsüberwachung

Zu ihren sonstigen Aufgabenbereichen außerhalb der Aufbauphase gehörten:

1. Erstellen von Umsatzprognosen in Zusammenarbeit mit der Geschäftsführung
2. Festlegen von Eckdaten und Inhalten durchzuführender Marktforschungsmaßnahmen
3. Zusammenarbeit mit dem Marketing, um die Konzepte entsprechend am Markt durchzusetzen
4. Kundenbesuche
5. Angebotserstellung und -verfolgung

Leistungs-Bewertung

Frau Lustig erfüllte die ihr übertragenen Aufgaben stets zu unserer vollen Zufriedenheit.

Beendigungsformel/ Zukunftswünsche

Das Arbeitsverhältnis mit Frau Lustig endet mit dem 29. März 1996 im gegenseitigen Einvernehmen. Wir wünschen ihr für ihre weitere Zukunft alles Gute.

Datum, Unterschrift, Rang/Position

435

---

[435] http://www.jobworld.de/bewerbungstipps/arbeitszeugnis/musterzeugnisse-und-was-sie-bedeuten.html
Quelle gesichtet: 15.02.2013

Arbeitszeugnis - Musterschreiben an einen Arbeitgeber: Erteilung eines Zeugnisses

Dieses Musteranschreiben dient allein der Orientierung und behandelt den Fall, dass der frühere Arbeitgeber bisher noch Abschlusszeugnis erteilt hat. Sofern Sie mit dem Inhalt eines Arbeitszeugnisses unzufrieden sind und bei dem früheren Arbeitgeber die Änderung durchsetzen wollen, beachten Sie bitte das Musterschreiben "Überarbeitung/ Neuerstellung eines Zeugnisses" Eine Haftung kann nicht übernommen werden.

Sehr geehrte Damen und Herren,

mein Arbeitsverhältnis bei Ihnen ist seit dem DATUM beendet. Ich habe daher gemäß § 109 Gewerbeordnung (GewO) einen Anspruch auf Erteilung eines schriftlichen Zeugnisses, dass Angaben über die Art und Dauer meiner Tätigkeit sowie über Leistung und Verhalten im Arbeitsverhältnis (qualifiziertes Zeugnis) enthält.

Das Zeugnis muss genaue und zuverlässige Angaben über die tatsächlich verrichtete Tätigkeit enthalten und die Leistungen durch eine wahrheitsgemäße, nach sachlichen Maßstäben ausgerichtete und nachprüfbare Gesamtbewertung beschreiben. Es darf nichts Falsches enthalten und nichts auslassen. Das Zeugnis muss zudem in sich schlüssig sein. Die einzelnen Abschnitte müssen aufeinander abgestimmt sein und dürfen keine Widersprüche enthalten.

Da ich bis heute kein solches Zeugnis erhalten habe, ich es jedoch für eine erfolgreiche Bewerbung dringend benötige, bitte ich sie, mir bis spätestens zum DATUM ein Zeugnis zu erteilen, das den genannten Anforderungen entspricht. Einen neuen Zeugnisentwurf füge ich als Formulierungsvorschlag bei. Sollte die Frist fruchtlos verstreichen, sehe ich keine andere Möglichkeit, als meinen berechtigten Anspruch gerichtlich durchzusetzen.
Mit freundlichen Grüßen

UNTERSCHRIFT   436

---

[436] http://www.ra-diedrich.de/faq_arbeitszeugnis_muster1.html Quelle gesichtet: 15.02.2013

Arbeitszeugnis - Musterschreiben an einen Arbeitgeber: Änderung eines Zeugnisses

Dieses Musteranschreiben dient allein der Orientierung und behandelt den Fall, dass der Arbeitnehmer mit dem vom Arbeitgeber erstellten Arbeitszeugnis unzufrieden ist und die Änderung durchsetzen möchte. Sofern der frühere Arbeitgeber bisher noch kein Abschlusszeugnis erteilt hat und Sie dieses erstmals anfordern wollen, beachten Sie bitte das Musterschreiben "Anforderung eines Zeugnisses" Eine Haftung kann nicht übernommen werden.

Sehr geehrte Damen und Herren,

Sie haben mir am DATUM ein Zeugnis zugesandt. Dieses Zeugnis entspricht nicht den gesetzlichen Ansprüchen eines ordnungsgemäßen, wohlwollenden Zeugnisses gemäß § 109 Gewerbeordnung (GewO).

Nach dieser Vorschrift kann ich verlangen, dass mir ein auf Leistung und Verhalten erstrecktes Zeugnis erteilt wird. Das Zeugnis muss dabei genaue und zuverlässige Angaben über die tatsächlich verrichtete Tätigkeit enthalten und die Leistungen durch eine wahrheitsgemäße, nach sachlichen Maßstäben ausgerichtete und nachprüfbare Gesamtbewertung beschreiben. Es darf nichts Falsches enthalten und nichts auslassen. Das Zeugnis muss zudem in sich schlüssig sein. Die einzelnen Abschnitte müssen aufeinander abgestimmt sein und dürfen keine Widersprüche enthalten.

Dies ist bei dem Zeugnis vom DATUM nicht der Fall, wie eine Überprüfung anhand der umfangreichen Literatur und Rechtsprechung zum Zeugnisrecht ergeben hat.

Ich habe Sie daher aufzufordern, mir bis spätestens zum DATUM ein Zeugnis zu erteilen, das den gesetzlichen Anforderungen entspricht. Eine überarbeitete Zeugnisfassung füge ich ebenfalls als Anlage bei.

Sollte die Frist fruchtlos verstreichen, sehe ich keine andere Möglichkeit, als meinen berechtigten Anspruch gerichtlich durchzusetzen.

Mit freundlichen Grüßen UNTERSCHRIFT [437]

---

[437] http://www.ra-diedrich.de/faq_arbeitszeugnis_muster1.html Quelle gesichtet: 15.02.2013

Notenvergabe in qualifizierten Arbeitszeugnissen

PMS Personalstudie 01/2010

Personalmanagement Service GmbH

[438]

---

[438] Studie der PMS-Personalmanagement GmbH Berlin / Quelle vom 07.03.2013

Zeugnisdienstleistungen
Analyse · Ghostwriting · Muster

Notenvergabe in qualifizierten Arbeitszeugnissen
Eine Studie der Personalmanagement Service GmbH
durchgeführt von Dr. Holger Münch, Berlin, März 2010

I. Einführung:

Die öffentliche Aufmerksamkeit für das Thema Arbeitszeugnis hat in den vergangenen Jahren deutlich zugenommen. Die Anzahl von entsprechenden Publikationen ist mittlerweile kaum noch zu überblicken, zudem bieten immer mehr Unternehmen Dienstleistungen rund um diesen Themenkomplex an, zahlreiche Internetforen stehen hilfesuchenden Arbeitnehmern mit Rat zur Seite und auch Gewerkschaften wie Ver.di haben mittlerweile eigene Arbeitszeugnis-Services für ihre Mitglieder eingerichtet.

Vor dem Hintergrund, dass seit den 70er Jahren Teilzeitbeschäftigungen und befristete Arbeitsverhältnisse, also sogenannte „atypische" Beschäftigungsformen im Vergleich zur bis dahin zentralen kontinuierlichen Vollerwerbstätigkeit deutlich zugenommen haben, überrascht die immer höhere Bedeutung von Arbeitszeugnissen im Bewerbungsprozess kaum.

Laut Auswertungen des Sozio-oekonomischen Panels (SOEP) des Deutschen Instituts für Wirtschaftsforschung[1] werden mittlerweile mehr als die Hälfte aller Beschäftigungsverhältnisse in Deutschland nach weniger als vier Jahren beendet. Die Arbeitnehmer sind heute deutlich mobiler als noch in den 70er Jahren, sowohl hinsichtlich der Beschäftigungsdauer in einem Arbeitsverhältnis als auch im Hinblick auf den Arbeits-(und Wohn-)Ort. Aus diesem Grund werden immer mehr Zeugnisse ausgestellt und schriftliche Leistungsnachweise gegenüber mündlichen Empfehlungen immer wichtiger.

Laut einer von der Hans-Boeckler-Stiftung zitierten WSI-Befragung von Personalleitern zur betrieblichen Personalpolitik hat sich dabei die Klagequote bei Arbeitgeberkündigungen zwischen 2001 und 2008 kaum verändert, obwohl die Wahrscheinlichkeit für Unstimmigkeiten eigentlich ansteigen sollte, je öfter Arbeitnehmer ihren Arbeitsplatz wechseln und jeweils Zeugnisse erhalten.[2] Auf den ersten Blick scheint also das erhöhte Konfliktpotential sich nicht in juristische Streitigkeiten im Zusammenhang mit dem Ausscheiden umzusetzen. Tatsächlich war die Zahl der Arbeitsgerichtsprozesse, bei denen es konkret um das Abschlusszeugnis ging, zwischen 2004 bis 2006 sogar rückläufig.[3]

---

[1] Siehe online unter: http://www.diw.de/deutsch/soep/29004.html.
[2] Vgl. online unter http://www.boeckler-boxen.de/4989.htm.
[3] Siehe online unter: http://www.arbeitsgerichtsverband.de/Statistik%20ArbGe.htm.

439

---

[439] Studie der PMS-Personalmanagement GmbH Berlin

Vor diesem Hintergrund war der Ausgangspunkt unserer Untersuchung die Frage, ob auch in Bezug auf die Inhalte und die Bewertungen in Arbeitszeugnissen kaum eine Entwicklung stattgefunden hat oder ob es hier bestimmte Trends bzw. Entwicklungen zu verzeichnen gibt, die auch für die Personalwirtschaft bei der Bewertung und Erstellung von Arbeitszeugnissen künftig berücksichtigt werden sollten.

II. Design der Studie

Zu diesem Zweck haben wir insgesamt 1100 Arbeitszeugnisse von Beschäftigten aller Branchen, Berufs- und Altersgruppen beiderlei Geschlechts in anonymisierter Form hinsichtlich ihrer Inhalte und weiterer Merkmale ausgewertet. Hierbei wurden nur Zeugnisse berücksichtigt, die nicht älter als vier Jahre waren (d.h. in einem Zeitraum zwischen 2006-2010 erstellt wurden).

Die Studie bezog sich vor allem auf die Vergabe von „Gesamtnoten" in Arbeitszeugnissen und deren Verteilung. Hierbei wurde zunächst untersucht, in wie vielen der Zeugnisse sich überhaupt eine sogenannte „Leistungszusammenfassung" fand, mit der üblicherweise die Gesamtwertung wiedergegeben wird („Zufriedenheitsformel", z.B. „hat alle Aufgaben stets zu unserer vollen Zufriedenheit ausgeführt").

Notenskala
Die Notenskala für die Gesamtnote wird wie folgt interpretiert:

Alle Aufgaben hat Herr/Frau ...
„stets zu unserer vollsten/größten/äußersten Zufriedenheit" = Note 1
„stets zu unserer vollen Zufriedenheit" = Note 2
„zu unserer vollen Zufriedenheit / stets zu unserer Zufriedenheit" = Note 3
„zu unserer Zufriedenheit" = Note 4
„Insgesamt/Im Großen und Ganzen zu unserer Zufriedenheit" = Note 5
... ausgeführt.

Natürlich gibt es noch eine Reihe weiterer Möglichkeiten, Gesamtnoten in einem Zeugnis auszudrücken, wie „waren mit den Leistungen stets außerordentlich zufrieden", „hat unseren Erwartungen in jeder Hinsicht in allerbester Weise entsprochen" oder „die Leistungen verdienen in jeder Hinsicht unsere vollste Anerkennung" etc. Solche Alternativen wurden ebenfalls entsprechend den in der einschlägigen Literatur angegebenen Bewertungen in die Untersuchung einbezogen.

Zudem wurden noch Zwischenstufen zwischen „vollen Noten" berücksichtigt:

„zu unserer vollsten Zufriedenheit" (ohne „stets") = Note 1-2

Darüber hinaus wies eine Reihe von Dokumenten zwei Leistungszusammenfassungen auf, die unterschiedliche Noten wiedergaben. Wenn diese nur eine Notenstufe auseinander lagen, wurde dies ebenfalls als Zwischenstufe interpretiert. Fanden sich also in einem Zeugnis einmal eine „gute" und einmal eine „befriedigende" Leistungszusammenfassung, so wurde die Gesamtnote als „2-3" bzw. 2,5 gewertet.

---

[440] Studie der PMS-Personalmanagement GmbH Berlin

Weitere untersuchte Merkmale

In einem zweiten Schritt wurde zudem herausgearbeitet, wie sich die Notenverteilung entsprechend den in den Zeugnissen enthaltenen Zufriedenheitsformeln gestaltet, also wie hoch der Anteil an „sehr guten", „guten", „befriedigenden" und „ausreichen-den" oder „mangelhaften" Bewertungen ist. Dies ermöglichte es im Anschluss, einen Mittelwert zu berechnen, der insbesondere vor dem Hintergrund einer ähnlichen im Jahre 1994 durchgeführten Studie Aussagen über die Entwicklung der Notenvergabe über die Zeit treffen lässt.[4]

Darüber hinaus wurde überprüft, ob es geschlechterspezifische Unterschiede in der Notenvergabe gibt, d.h. ob Frauen z.B. generell schlechter oder besser als Männer bewertet werden. In einem zweiten Schritt fand eine Analyse der Zeugnisse dahin-gehend statt, inwieweit die vergebenen Gesamtnoten vor dem Hintergrund der all-gemeinen Standards der Zeugnisschreibung glaubwürdig wirkten. Als Bewertungs-grundlage dienten hierbei vor allem die entsprechenden Urteile von Arbeitsgerichten sowie die einschlägige Zeugnisliteratur.[5] „Gravierende Mängel" wurden dabei wie folgt definiert:

1. Zentrale Leistungsaspekte werden nicht genannt („Leerstellentechnik"), z.B. wenn Aussagen zum Fachwissen oder der Arbeitsbefähigung (oder eine zu-sammenfassende Leistungsbewertung) komplett fehlen
2. Aussagen zum Verhalten fehlen vollständig
3. Es fehlt eine Dankes-/Bedauernsformel und/oder es fehlen Zukunftswünsche[6]
4. Die Wertungen für einzelne Leistungsaspekte (wie Arbeitsbereitschaft, Ar-beitsbefähigung, Fachwissen, Arbeitsweise) weichen durchgehend deutlich von der bescheinigten Gesamtnote ab (z.B. „Gesamtnote 1", Einzelwertungen durchgehend „Note 3")
5. Es finden sich erhebliche formale Mängel im Zeugnis, z.B. fehlende Unter-zeichner, keine Angaben zum ausstellenden Unternehmen (Zeugnis nicht auf Briefbogen ausgestellt) etc.

Anhand dieser Definition fand eine Überprüfung statt, wie viele Zeugnisse gravieren-de Mängel aufwiesen. Wenn in diesem Zusammenhang festgestellt wurde, dass z.B. trotz einer „sehr guten" Gesamtnote alle Einzelwertungen einer „Note 3" oder schlechter zuzuordnen waren, so wurde die Glaubwürdigkeit der Gesamtnote als nicht mehr gegeben eingestuft.

---

[4] Weuster, Arnulf: Personalauswahl und Personalbeurteilung mit Arbeitszeugnissen, Verlag für Ange-wandte Psychologie, 1994. Weuster unterzog hierbei 1000 Arbeitszeugnisse einer intensiven inhalts-analytischen Auswertung.
[5] Unter anderem Weuster, Arnulf; Scheer, Brigitte: Arbeitszeugnisse in Textbausteinen, Boorberg Ver-lag 2010 (12. Aufl.), Schleßmann, Hein: Das Arbeitszeugnis, Verlag Recht und Wirtschaft Heidelberg 206 (16. Aufl.); Huber, Günter: Das Arbeitszeugnis in Recht und Praxis, Haufe Verlag 2003 (9. Aufl.); Knobbe, Thorsten; Leis, Mario; Umnuß, Karsten: Arbeitszeugnisse für Führungskräfte qualifiziert ges-talten und bewerten, Haufe Verlag 2008 (3. Aufl.); in Bezug auf die Rechtsprechung u.a. das Urteil des LAG Hamm vom 27.04.2000 (4 Sa 1018/99) zu den Bestandteilen, welche ein wahrheitsgemäßes und wohlwollendes Arbeitszeugnis enthalten muss
[6] Diese im Zeugnis zu erwähnen ist zwar nicht vorgeschrieben, das Fehlen wird jedoch, darin stimmt die Zeugnisliteratur weitgehend überein, meist als unvorteilhafter Hinweis auf Probleme im Arbeitsver-hältnis interpretiert

441

---

[441] Studie der PMS-Personalmanagement GmbH Berlin

III. Ergebnisse der Studie:

Von 1100 untersuchten Zeugnissen wiesen 963 eine „Leistungszusammenfassung"
auf, mit der eine „Gesamtnote" wiedergeben wurde. In 137 Zeugnissen fehlte eine
entsprechende Formulierung völlig, was zwölf Prozent der Gesamtstichmenge umfasst (vgl. das folgende Schaubild 1[7])

Schaubild 1: Verhältnis von Zeugnissen mit und ohne Gesamtnote:

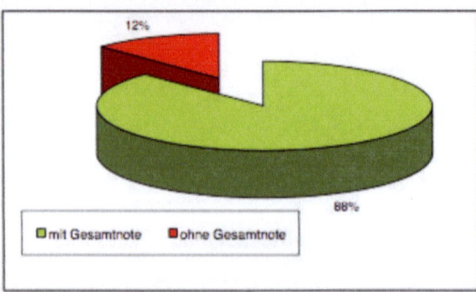

Bei den 963 Zeugnissen, in denen sich eine Formulierung zur Leistungszusammenfassung befand, verteilten sich die Noten folgendermaßen: 319 (33,2%) wiesen eine
„Note 1" auf, den größten Anteil machten mit 338 (35,1%) die „guten Zeugnisse" (Note 2) aus. Eine „Note 3" trugen 152 (15,8%) und eine „Note 4" nur noch 32 (3,3%) der
Zeugnisse. Mit „mangelhaft" wurden von allen Zeugnissen lediglich zwei bewertet
(0,2%).

Hinzu kamen die Zwischenstufen: 85 Zeugnisse wiesen eine „Note 1,5" (8,8%) auf,
jeweils 17 (1,8%) eine „2,5" und eine „3,5". Eine „Note 4,5" kam nicht vor. Die Ergebnisse sind im Schaubild 2 auf der folgenden Seite nochmals zusammengestellt.

---

[7] Alle Schaubilder erstellt vom Autor der Studie

442

---

[442] Studie der PMS-Personalmanagement GmbH Berlin

132

Schaubild 2: Notenverteilung in qualifizierten Arbeitszeugnissen:

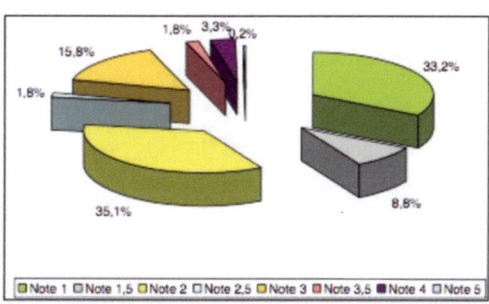

Fasst man diese Daten zusammen, so fällt auf, dass mehr als drei Viertel aller unter-suchten Arbeitszeugnisse eine „Note 2" oder besser aufweisen, wobei sich „gute" und „sehr gute" Bewertungen ungefähr die Waage halten.

Vergleicht man bei dieser Notenvergabe die Ergebnisse für Männer und Frauen, so ist hierbei kein signifikanter Unterschied festzustellen. Die in der Stichprobe nach Geschlechtern getrennt betrachteten Dokumente wiesen nur marginale Abweichun-gen auf, wie die Schaubilder 3 und 4 zeigen:

Schaubild 3: die prozentuale Notenverteilung bei Männern:

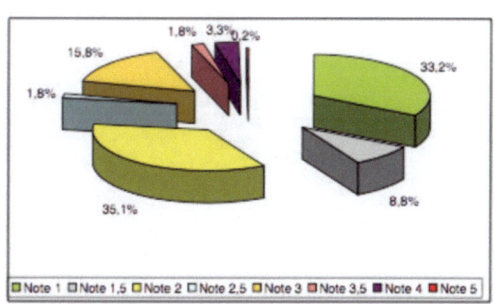

---

[443] Studie der PMS-Personalmanagement GmbH Berlin

Schaubild 4: Prozentuale Notenverteilung bei Frauen:

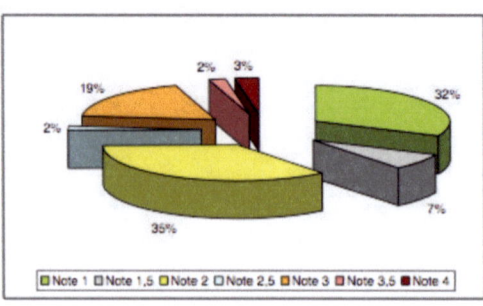

Wie die Schaubilder zeigen, bewegen sich die Unterschiede im Bereich üblicher Abweichungen und haben letztlich keine Aussagekraft. Auffällig ist lediglich, dass die beiden einzigen Arbeitszeugnisse, die eine „mangelhafte" Gesamtleistung bescheinigten, für Männer ausgestellt wurden.

Notendurchschnitt und Auffälligkeiten

Der Notendurchschnitt beträgt für Männer und Frauen gemeinsam für die übliche Schulnotenskala von „Note 1" bis „Note 6" berechnet eine „1,89", also eine „gute Zwei" bzw. eine „2+". Der minimale Unterschied von 0,01 Prozentpunkten zwischen Männern und Frauen ist nicht signifikant.

Gleichzeitig relativiert die Untersuchung der Auffälligkeiten diesen sehr positiven Eindruck. Denn von den untersuchten 1100 Zeugnissen wiesen 765 gravierende Auffälligkeiten auf (wie sie in den Ausführungen zum Studiendesign beschrieben wurden). Die häufigsten Auffälligkeiten waren hierbei fehlende Bewertungen zu bestimmten Leistungsaspekten. Sehr häufig wurde z.B. die Arbeitsqualität nicht bewertet, hinzu kommt das bereits beschriebene Fehlen einer Leistungszusammenfassung bei mehr als 10% der Dokumente. Weitere oft beobachtete Mängel waren Abweichungen zwischen einer positiven Gesamtnote und deutlich schlechteren Einzelwertungen sowie das Fehlen von Dank und/oder Bedauern. Die gefundenen Mängel wecken daher bei einem Großteil der Zeugnisse deutliche Zweifel an der Glaubwürdigkeit der darin enthaltenen Gesamtnote.

---

[444] Studie der PMS-Personalmanagement GmbH Berlin

134

IV. Schlussfolgerungen:

Gerade im Vergleich mit der 1994 von Weuster durchgeführten großen Studie zum Thema Arbeitszeugnisse lassen sich interessante Schlussfolgerungen aus den Resultaten der aktuellen Untersuchung ziehen. So ergab seine statistische Inhaltsanalyse aus dem Jahr 1994 einen Notenschnitt von „2,4". Im folgenden Schaubild sind die Ergebnisse von Weuster nochmals zusammengefasst:

Schaubild 5: Notenverteilung nach Weuster 1994[8]:

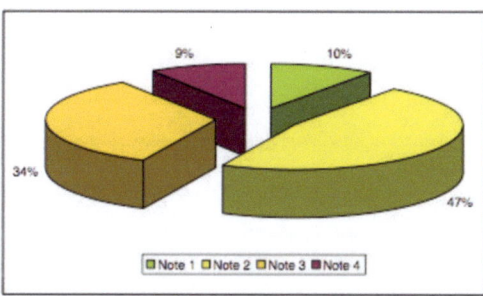

Gemäß den Ergebnissen unserer aktuellen Studie hat sich die Anzahl der „sehr guten" Bewertungen im Vergleich zu 1994 praktisch verdreifacht, gleichzeitig hat sich die Zahl „befriedigender" Noten halbiert und der Anteil „guter Bewertungen" ist ebenfalls deutlich (um rund 12%) geschrumpft. Auch „ausreichende" Zeugnisse sind heute deutlich seltener. Hieraus lässt sich klar ersehen, dass sich der Schwerpunkt in den Bewertungen mittlerweile signifikant in Richtung „Note 1" verschoben hat.

Der Anteil an Arbeitszeugnissen, die keine Zufriedenheitsformel enthielten hat sich hingegen kaum verändert (er lag damals wie heute bei ca. 12%). Dass weiterhin der gleiche Anteil an Arbeitszeugnissen nicht die eigentlich mittlerweile obligatorische Zufriedenheitsformel enthält, kann zunächst zu dem Schluss führen, dass die Kompetenz der Arbeitgeber in Sachen Zeugniserstellung sich nicht deutlich weiterentwickelt hat, da es letztlich gängiger Standard der Zeugnisschreibung ist, jedes Zeugnis mit einer Gesamtnote zu versehen.

---

[8] Weuster, Arnulf a.a.O. S. 87.

445

---

[445] Studie der PMS-Personalmanagement GmbH Berlin

Dass sich gleichzeitig die Noten verbessert haben, es jedoch in den vergangenen Jahren (bis 2009) nicht zu einem signifikanten Anstieg von Arbeitsgerichtsprozessen um Arbeitszeugnisse kam, erscheint dabei aber auf den ersten Blick verwunderlich.

Es lässt sich vermuten, dass die sich immer weiter ausdifferenzierende Rechtsprechung hier eine wichtige Rolle spielt. So hat gerade das Landesarbeitsgericht Nürnberg ein Unternehmen gegen dessen Willen verpflichtet, eine positive Bewertung des Verhaltens in das Abschlusszeugnis einer entlassenen Mitarbeiterin aufzunehmen. Nach Meinung der Richter ist ein unzutreffendes Lob nicht „sittenwidrig".[9] Weiterhin erhielt in einer Entscheidung des Bundesarbeitsgerichts vom vergangenen Jahr ein Redakteur Recht, der auf die Erwähnung von „Belastbarkeit" in seinem Arbeitszeugnis klagte, da das Fehlen einer Bewertung dieser für Journalisten zentralen Eigenschaft ihm das berufliche Fortkommen erheblich erschweren würde.[10]

Vor dem Hintergrund dieser immer restriktiveren und detaillierteren Rechtsprechung ist es zunehmend auch für Personalexperten schwierig, alle Anforderungen an ein rechtssicheres Zeugnis zu erfüllen. Hinzu kommt, dass ohnehin bei Bewertungen, die schlechter als „befriedigend" sind, der Arbeitgeber in die Beweispflicht kommt, die „unterdurchschnittliche" Beurteilung bei einem Arbeitsgerichtsprozess zu belegen. Vor diesem Hintergrund scheinen mehr und mehr Arbeitgeber bei der Erstellung von Zeugnissen lieber klein beizugeben, als kostspielige Streitigkeiten, eventuell sogar vor Gericht, zu riskieren.

Dabei bietet es sich vor allem an, dem Arbeitnehmer in Bezug auf die Gesamtnote Entgegenkommen zu zeigen. Denn besonders bei der „Zufriedenheitsformel" ist die Notenskala mittlerweile allgemein weitgehend bekannt und ein Beschäftigter erkennt schnell, dass die bloße „Zufriedenheit" mit seinen Leistungen noch lange keine gute Bewertung ausdrückt.

Kundige der Zeugnisschreibung wissen zudem, dass es unzählige Möglichkeiten gibt, auch abseits der Gesamtnote Kritik an den Leistungen eines Beschäftigten anzubringen. Darauf weist auch der Befund hin, dass tatsächlich rund 80% aller untersuchten Arbeitszeugnisse teils so gravierende Auffälligkeiten aufwiesen, dass die Gesamtnote nicht mehr glaubwürdig wirkte. Selbst wenn der überwiegende Teil der entsprechenden Mängel auf Unkenntnis des Arbeitgebers zurückzuführen sein sollte, liegt der Schluss nahe, dass Leerstellen und Widersprüche in der Bewertung regelmäßig benutzt werden, um eine gute oder sehr gute Gesamtwertung auf versteckte Weise wieder zu relativieren bzw. zu entkräften. Solche Feinheiten kann letztlich nur ein erfahrener Zeugnisexperte zuverlässig einordnen, ein Arbeitnehmer ohne den entsprechenden fachlichen Hintergrund wird hier in der Regel wenige kritische Punkte erkennen.

Die deutliche Verbesserung der Gesamtwertung in Arbeitszeugnissen weist zudem klar darauf hin, dass die erhöhte Mobilität auf dem Arbeitsmarkt tatsächlich auch zu einer erhöhten Bedeutung dieser Leistungsnachweise für die Arbeitnehmer geführt hat. Ohne entsprechende Veranlassung, d.h. ohne verstärktes Nachfragen/Reklamieren seitens der Beschäftigten wäre ein Sprung um eine halbe Note in weniger als 15 Jahren kaum zu erklären.

---

[9] LAG Nürnberg, Aktenzeichen: 7 Sa 641/08.
[10] BAG 12. August 2008 - 9 AZR 632/07.

446

---

[446] Studie der PMS-Personalmanagement GmbH Berlin

Und dieser Befund deckt sich auch mit einer weiteren Auswertung von uns, wonach sich bei einem Wunsch zu einer Korrektur von Arbeitgeberzeugnissen die Arbeitnehmer fast immer eine Note besser einschätzen als der Vorgesetzte. Bereits jetzt wird es also immer wichtiger, bei Arbeitszeugnissen intensiv „zwischen den Zeilen" zu lesen, um die tatsächliche Leistungsbeurteilung bei einem Stellenbewerber nachvollziehen zu können.

Sollte dabei der Trend zu immer besseren Zeugnissen anhalten, so ist es letztlich nur eine Frage der Zeit, bis diese als Leistungsnachweis ihrer Aussagekraft weitgehend beraubt sind, wie dies von vielen Personalern bereits heute behauptet wird. Am Ende wäre die große Chance vertan, einstellenden Unternehmen mit differenzierten und individuellen Leistungsnachweisen wertvolle Informationen zur Auswahl geeigneter Bewerber zu liefern und der Prozess der Personalauswahl würde erheblich erschwert.

Dr. Holger Münch

Personalmanagement Service GmbH
h.muench@arbeitszeugnis.de
030 – 42 02 85 24
Marchlewskistr. 33
10243 Berlin

447

---

[447] Studie der PMS-Personalmanagement GmbH Berlin

Zeugnis

Herr ..., geboren am 1. Januar 1980, war in der Zeit vom 1. Januar 2006 bis 31. Dezember 2008 in unserem Hause beschäftigt. Er war zunächst als Verkäufer eingesetzt; seit dem 1. April 2007 bekleidete er die Position des stellvertretenden Geschäftsführers in unserem Berliner Einrichtungsstudio.

Sein Aufgabengebiet umfasste die fachliche Kundenberatung sowie die Erstellung von Einrichtungsvorschlägen. Herr ... war verantwortlich für die Auswahl unserer Kollektionen und die Gestaltung der Verkaufsräume.

Er besuchte sämtliche einschlägigen Fachmessen. Zu seiner Tätigkeit gehörte außerdem die selbstständige Auftragsabwicklung, sowie die verantwortliche Durchführung der Werbung in der Regionalpresse.

Leistungsbewertung   +

Verhaltensbewertung +

Berlin, 28.02.2013

Firma

Unterschrift

448

---

[448] Zeugnistext: http://www.zeugnisdeutsch.de/arbeitszeugnis/musterzeugnisse.php Quelle gesichtet 20.03.2013; Bewertungsentwurf Leistung- und Verhaltensbeurteilung von Sirko Archut

Zeugnis

Herr ..., geboren am 1. Januar 1980, war in der Zeit vom 1. Januar 2006 bis 31. Dezember 2008 in unserem Hause beschäftigt. Er war zunächst als Verkäufer eingesetzt; seit dem 1. April 2007 bekleidete er die Position des stellvertretenden Geschäftsführers in unserem Berliner Einrichtungsstudio.

Sein Aufgabengebiet umfasste die fachliche Kundenberatung sowie die Erstellung von Einrichtungsvorschlägen. Herr ... war verantwortlich für die Auswahl unserer Kollektionen und die Gestaltung der Verkaufsräume.

Er besuchte sämtliche einschlägigen Fachmessen. Zu seiner Tätigkeit gehörte außerdem die selbstständige Auftragsabwicklung, sowie die verantwortliche Durchführung der Werbung in der Regionalpresse.

Leistungsbewertung   + +

Verhaltensbewertung +

Berlin, 28.02.2013

Firma

Unterschrift

449

---

[449] Zeugnistext: http://www.zeugnisdeutsch.de/arbeitszeugnis/musterzeugnisse.php Quelle gesichtet 20.03.2013; Bewertungsentwurf Leistung- und Verhaltensbeurteilung von Sirko Archut

Zeugnis

Herr ..., geboren am 1. Januar 1980, war in der Zeit vom 1. Januar 2006 bis 31. Dezember 2008 in unserem Hause beschäftigt. Er war zunächst als Verkäufer eingesetzt; seit dem 1. April 2007 bekleidete er die Position des stellvertretenden Geschäftsführers in unserem Berliner Einrichtungsstudio.

Sein Aufgabengebiet umfasste die fachliche Kundenberatung sowie die Erstellung von Einrichtungsvorschlägen. Herr ... war verantwortlich für die Auswahl unserer Kollektionen und die Gestaltung der Verkaufsräume.

Er besuchte sämtliche einschlägigen Fachmessen. Zu seiner Tätigkeit gehörte außerdem die selbstständige Auftragsabwicklung, sowie die verantwortliche Durchführung der Werbung in der Regionalpresse.

Leistungsbeurteilung + / -

Verhaltensbeurteilung + / -   ggf. Führungsverhalten + / -

Sofern bei den Beurteilungspunkten nicht das automatische Plus steht, sondern ein Minus, ist diese negative Bewertung mittels anführen der Gründe zu belegen.

Als Gründe wären hier berechtigte Disziplinarmaßnahmen, Abmahnungen, und nicht ordentliche Beendigungstatbestände anzugeben, insoweit die Veranlassung dafür aus der Sphäre des Arbeitnehmers oder aber des Dienstverpflichteten herrührt

Berlin, 31.12.2008

Firma

Unterschrift

₄₅₀

450

---

[450] Zeugnistext: http://www.zeugnisdeutsch.de/arbeitszeugnis/musterzeugnisse.php Quelle gesichtet 20.03.2013; Bewertungsentwurf Leistung- und Verhaltensbeurteilung von Sirko Archut